ベルクソン
哲学と科学との対話

三宅岳史 著
Takeshi Miyake

Henri
Bergson

プリミエ・コレクションの創刊に際して

「プリミエ」とは、初演を意味するフランス語の「première」から転じた「初演する、主演する」を意味する英語です。本コレクションのタイトルには、初々しい若い知性のデビュー作という意味がこめられています。

いわゆる大学院重点化によって博士学位取得者を増強する計画が始まってから十数年になります。学界、産業界、政界、官界さらには国際機関等に博士学位取得者が歓迎される時代がやがて到来するという当初の見通しは、国内外の諸状況もあって未だ実現せず、そのため、長期の研鑽を積みながら厳しい日々を送っている若手研究者も少なくありません。

しかしながら、多くの優秀な人材を学界に迎えたことで学術研究は新しい活況を呈し、領域によっては、既存の研究には見られなかった溌剌とした視点や方法が、若い人々によってもたらされています。そうした優れた業績を広く公開することは、学界のみならず、歴史の転換点にある21世紀の社会全体にとっても、未来を拓く大きな資産になることは間違いありません。

このたび、京都大学では、常にフロンティアに挑戦することで我が国の教育・研究において誉れある幾多の成果をもたらしてきた百有余年の歴史の上に、若手研究者の優れた業績を世に出すための支援制度を設けることに致しました。本コレクションの各巻は、いずれもこの制度のもとに刊行されるモノグラフです。ここでデビューした研究者は、我が国のみならず、国際的な学界において、将来につながる学術研究のリーダーとして活躍が期待される人たちです。関係者、読者の方々共々、このコレクションが健やかに成長していくことを見守っていきたいと祈念します。

第25代　京都大学総長　松本　紘

目　次

第六章　目的性概念と生物進化（器官の構造と機能）の問題――133

第七章　時空の概念と宇宙論（コスモロジー）の問題――159

凡例

一、引用した出典の表記

1　引用した著作の略号を使用する場合は、（　）内に略号とページ数を記した。

（例）Henri BERGSON, *Essai sur les données immédiates de la conscience*, p. 31 を引用した場合は、（DI 31）と表記する。

　略号を使用した文献については、引用文献にその略号を記載し、略号は著書の直前に記した。

2　引用した著作の略号を使用しない文献については、（　）内に著者名、出版年、ページ数を記した。

（例）POINCARÉ, Henri, *La Science et L'hypothèse*, 1902, p. 105 を引用した場合は、（POINCARÉ, 1902, p.105）と表記する。

3　なお使用テクストが一つしかない著者に関しては、出版年を省略し、（　）内に著者名とページ数のみを記した。

（例）THIBAUDET, Albert, Le bergsonisme, vol.1, 1923, pp. 220–221 を引用した場合は、（THIBAUDET 220–221）と表記する。

4　日本語の引用テクストも、表記の仕方は同上である。

二、引用文献の翻訳

1　邦訳を参考にした場合は、引用文献の後ろに（　）内に訳書を記載した。原則的に引用者が翻訳したが、一部に関しては、訳書を使用させていただいた。

2　翻訳の省略に関しては、「……」を用いて示した。

3　翻訳の〔　〕内は引用者による補足である。

まえがき

アンリ・ベルクソン（一八五九―一九四一）は、二十世紀フランスを代表する哲学者の一人であり、その哲学の特徴は、永遠を実在とすることの多い西洋哲学の伝統に対して、時間の流れや生成を実在と見なす点にある。彼によれば、この流れる実在とは、我々の意識や生のただなかで見出されるものであり、それゆえ、ベルクソン哲学は、哲学史では、精神の独自性や能動性を重視する「フランス・スピリチュアリスム」や、生の創造性を強調する「生の哲学」に位置づけられてきた。その一方で、ベルクソンが一冊の著作を完成させるのに、関連する科学的文献を徹底的に研究したことは知られている。例えば、彼が二番目の主著である『物質と記憶』を完成させるために、失語症の膨大な文献を五年かけて精査した（dépouiller）こと（cf. M 481）、それを書き終えたのち、疲労のあまり不眠症に陥り、休養が必要になったエピソードなどが伝わっている。(1)

（1）シュヴァリエ『ベルクソンとの対話』では、「『物質と記憶』には非常な労力を必要とした。ぼう大な研究と読書を中におりこまねばならなかったからだ。一八九八年に書き終えたとき、非常な疲れを覚えた。不眠症が続き、注意力を失った。」（シュヴァリエ 二五一―二五二）と述べられている。この箇所では、「ぼう大な研究と読書」が、何を指すのか明示されていないが、『物質と記憶』のとりわけ第二章には、失語症に関する大量の文献が挙げられており、ここにその労力の多くが捧げられたと考えて間違いはないだろう。

しかしなぜ、決して容易ではないと思われるこのようなスタイルをベルクソンはとったのか。一見したところ、彼の哲学が、同時代の科学と積極的な関係を結ぶことが必要だとは思われない。「スピリチュアリスム」や「生の哲学」に組み入れられたりするようなベルクソンの哲学的立場を考えてみると、科学を重視する必要は必ずしもなかったと思われる。なぜなら、スピリチュアリスムも生の哲学も、そのような見解が当たっているかどうかは別として、自然科学に疎遠、あるいは反科学的と見なされる（あるいは科学哲学や科学者の側からそのように戯画化される）ことが多いからである。

ベルクソン哲学が同時代の科学を重視し、さらには哲学と科学の対話を目指した理由について、ここでは簡単に次の二点を見ることにしたい。一つ目の理由は彼の哲学に外在的な理由、すなわち当時の時代状況であり、もう一つの理由は内在的な理由である。

では、まず時代状況を概観してみよう。彼が直接的な意識や生の分析にとどまらずに、科学との協働を目指したのは、まさに、十九世紀初頭には生物学が、そして十九世紀後半には心理学や社会学が実証科学として成立し、当時の科学が意識現象、生命現象や社会現象に関する実証的研究を展開するようになり、その影響力が大きくなっていたという時代状況が考えられる。このように、十九世紀は科学が専門分化、制度化した時代であり、「科学者（scientist）」という語が登場したのも、また、「科学哲学」という分野が出現したのも十九世紀半ばである。[2] このように、ベルクソンが哲学的に意識や生を扱うに当たっても、科学を無視することはできなくなっていたのである。

しかし、それだけではない。十九世紀には、科学、技術、社会や道徳が直線的・段階的により良いものになっていくという「進歩の思想」が、前世紀（啓蒙の時代）から引き継がれていた。例えば実証主義などはこの思想の流れをひくものであり、そこから科学主義（scientisme）と呼ばれる思想が台頭することになる。[3] 科学主義にもいろいろな形があるが、そのポイントは、専門領域を超えて科学の正しさが誇張されていく点にある。例えば、道徳や政治なども含めてすべてを科学に任せるべきだという普遍的なタイプ（科学万能主義）から、人間科学（心理学など）を自然科学（物理学など）に還元しようとする限定的なタイプまで、当時は様々な科学主義が存在した。ベルクソンはそのいずれにも異議を唱えたが、例えば、科学主義の一つの形態である普遍的機械論が心身並行論という仮説になって、生理学などの実証科学のなかに入り込んで、科学と形而上学が混同されている様を次のように述べて批判している。

では、並行論への信仰（votre foi au parallélisme）が、あるいは、並行論は将来きっと証明されるだろうという確たる予想が、ただ単に、普遍的機械論（mécanisme univiersel）へのライプニッツ的あるいはスピノザ的な信仰の名残ではないか検討して下さい。……さらに付け加えて言うと、いく人かの科学者が議論なしに並行論の仮説を採用するのは、それがより科学的だという理由によるのではなく、それが最も単純で、この時代の哲学者が他の仮説を探究する労をとらなかったためなのです。（M 482–484）

このように、実際の科学的活動のなかでは、ある結論が実証科学による主張なのか、それとも科学主義によ

（2）フランスやイギリスで一八三〇年代から一八四〇年代に「科学哲学」という言葉が哲学に導入されている（フランスではアンドレ＝マリー・アンペール、イギリスではウィリアム・ヒューウェルによる）。オーギュスト・コントの『実証哲学講義』（一八三〇―一八四二年）もこのころに出版されている。

（3）フランスでは科学主義は、人類教を唱え出したコントからエミール・リトレが離反するなかで、実証主義から派生し、リトレによって実証主義と科学主義の同一視が進んだ。リトレの科学主義は、政治学、経済学、心理学、道徳学、美学までを科学に含めて考える強いものであった（cf. 安孫子信「リトレ」『フランス哲学・思想事典』弘文堂、一九九九年）。ただし、科学主義という極端な主張の台頭の背景には、十九世紀後半ヨーロッパで科学と宗教の闘争が激化していたという事情があったこともあわせて理解しておく必要があるだろう。

る主張（科学を超えた不適切な拡張）なのかを区別することは、一般人にとって（実は科学者自身にとっても）そう簡単ではない場合が存在する。そして科学主義が台頭する時代状況において、おそらく科学と対話することが、直接的な生に根ざす哲学にも必要だったはずである。そのためにベルクソンは、我々の生のなかで遭遇する問題に即して科学の内部に立ち入り、そこに作動している概念を分析し、さらにはそこに不当な侵犯や科学主義が含まれていないか、を丹念に考察しようとしたのだと我々には思われる[4]。

それでは次に、ベルクソン哲学が同時代の科学と積極的に関係をとり結ぶ必要があったということの第二の理由、すなわち彼の哲学に内在的な理由を今度は見ることにしよう。冒頭に述べたように、ベルクソン哲学の特徴は、「要するに、あらゆるものを持続の相の下に見る習慣をつけよう（habituons-nous, en un mot, à voir toutes choses *sub specie durationis*）。」（PM 142）ということであり、「持続（durée）」あるいは「生成（devenir）」を実在と見なすということである。しかし、彼の考える持続とは、空間化や記号化から逃れる時間の流れや動きのことであり、科学的には扱えない時間の相を指している。そうだとすると今度は、この持続や生成という問題を中心に動いた哲学が、なぜ科学との創造的な関係を築くことを目指したのかという問題が出てくるだろう。

この問題を検討するためには、ベルクソンが科学と哲学の関係をどのように理解していたかということを確認する必要がある。詳しい作業は煩雑になるので、本章に譲るが、彼は、自らの哲学の中心に持続や生成を据えたのに対し、科学に関しては、空間や記号をその本質に据えた。人間知性は本質的に空間や記号に向かう傾向をもち、このような空間化や記号化がうまくいく領域では――数学や物理学など、とりわけ彼はニュートン力学をその典型として考えていた――科学は実在に到達できる、と彼は考えたのである。そして、彼によれば、この傾向性から自然発生的に、上述したような、科学主義が発生することになる。すなわち、知性はあらゆる実在を空間的なものとみなし、おのれに理解できないものはこの宇宙に何も生じず、すべては計算可能、操作可能な機械であり、宇宙には本質的に新しいことは何も生起しないという世界観に至るのである。

しかしながら彼は、生物・意識現象や社会現象などは、現象が複雑になるために、空間・記号化は物理学はどうまくいかなくなることを看取し、その理由を持続や生成が実在し、それらの現象に本質的な仕方で作用するため、と考えた。では、科学が生成や持続に対してまったく歯が立たないのかというと、そうではなく、ベルクソンは、知性が空間へ向かう自らの本性に反して、生成や持続へと一瞬だけ向きを変える能力をもつことも認めていた。ここに、哲学と科学が協働する余地が生じる。問題に遭遇した場合に領域ごとに事実を観察し、とりわけ持続的、生成的要素を単に空間化するのではなく、その大切な性質を取り逃さないように仮説を立て、データを検証していけば、徐々に生成や持続の実在も明らかになると彼は考えたのである。

もちろん、そのようなベルクソンの試みは、言語化・記号化が困難な生成を扱うという事柄自体の困難さに加え、知性の本質が言語機能にある以上、科学者からの無理解に晒されるという恐れもあわせもっていた。実際に、相対性理論を扱う章で確認するように、この試みは様々な困難に直面し、アルベルト・アインシュタインとの対話はすれ違いに終わった。その一方で、ベルクソンの死後ではあるが、イリヤ・プリゴジンのような哲学と科学の協働を積極的に推し進めようとした科学者も存在する。彼は生成というテーマを科学で扱おうとし、ベルクソンをはじめとする哲学者との対話を重視している。

では、ベルクソンが夢見たような哲学と科学の対話は実り豊かな結果を生み出せるのだろうか。あるいは、

(4) そしてこの点では、のちに医学や生物学の科学認識論を展開したジョルジュ・カンギレムも、同様の考えをもっていたと思われる。カンギレムのこの考えに関して、彼の弟子であったドミニック・ルクールは次のように述べている。「哲学することとは「生きた経験のなかにある素朴なもの」を拠りどころに、これら〔諸科学〕の専門言語の正統性や記号体系の妥当性を問いただすことなのだ。」（ドミニック・ルクール『ジョルジュ・カンギレム』拙訳、白水社、二〇一一年、七九ページ）

哲学と科学の協働は可能なのか。ベルクソンは各著作のなかで、まさしくこのような実践を行ったように思われる。彼は著作のなかで、自らが遭遇した問題に関して、持続や生成に基づく彼の仮説（純粋記憶やエラン・ヴィタルなど）との対立仮説（心身並行説やダーウィニズムなど）を競合させている。このように説明力を競うなかで、彼の哲学は生成していったと考えられる。本書はこのようなベルクソン哲学が立ち現われていくさまをたどりながら――生成の哲学と生成の科学の構築というベルクソン独自の哲学的立場から――、哲学と科学の協働の可能性について検討する。

本書は哲学的研究であるが、次の二つの点に関しては科学の側にとっても意義をもっていると考えられる。一つは、同時代の科学からどのような哲学的意味を引き出すことができるのか（あるいはその逆に哲学的概念はどのように科学に関わるのか）、ということに関して、二十世紀の代表的な哲学者ベルクソンを例にとって検証できる点である。もう一つは、先に述べたように、科学主義あるいは科学万能主義に対するベルクソンの批判を見ることができるということである。いまから一世紀ほど前に、科学主義が台頭したことを我々は見たが、現代では一世紀前よりもさらに科学の影響も権威も広く浸透していることを考えると、我々はベルクソンの哲学的思考を、今日なお残存する科学主義的な考えに対する警鐘とすることもできるだろう。

では最後に、ベルクソンは、哲学と科学の対話についてどのように考えていたのか。おそらく彼は、最初から確たるプログラムや目的があって、哲学と科学の関係を体系づけようと考えていたとは思われない。ベルクソン哲学には、そのような体系化への志向を厳しく断ち切る側面があり、彼は体系を構築するという哲学的方法と、問題に遭遇するという自らの哲学的方法を対置する。それは、生の様々な経験が渦巻く世界のなかで、問題と遭遇し、事象がもつ分節に沿って思考を進めていくという方法である。言い換えれば、彼の各著作は、問題と遭遇した順序を示しており、そしてこの問題が哲学だけではなく、科学にも関わる場合は、科学との対話が彼の哲学には必要になる。ときには、『笑い』や『道徳と宗教の二源泉』のように科学との対話が本質的ではない著作も存在するが、彼の哲学で扱われる各問題の背後には、「持続」や「生成」という大問題が控えており、それらを扱うには根本的に科学との対話が必要だったのである。そして、様々な問題と遭遇し、何度か科学との協働が図られるなかで、ベルクソン哲学と科学の関係は、『持続と同時性』という著作のなかで、ある一つの形をとりつつあった。我々はその哲学と科学の関係を相補的な（complémentaire）関係と呼ぶことにし、次の序章で扱うことにしたい。本来ならば、そこにたどり着くまでのプロセスを丹念に追うべきであるが、本書では、見通しをよくするために、先にこの相補的関係の形を見定めておきたい[5]。繰り返しになるが、この相補的関係を確たる体系として捉えないように注意せねばならない。ベルクソン自身、科学と哲学の関係を閉じられた体系としてではなく、常に問題に開かれた未完のものとして描いていたのに違いないのだから。

（5）この用語の使用法は、篠原資明『ベルクソン――〈あいだ〉の哲学の視点から』岩波書店、二〇〇六年、五五ページ以降に説明されている。「ベルクソンは、近代科学が長さとしての時間を扱うとすれば、新しい形而上学は創造としての時間を扱うべきだとした。そしてここでいわれる形而上学は、あくまで科学と相補的な関係を持ちつづけるものとして構想されている。……
　しかし、科学的認識が完結することもなければ、ベルクソンのいう意味での形而上学が完結することもない。この形而上学は、あくまで科学と相補的な関係を取り結びながら、真実らしさを、蓋然的な真理を少しずつ獲得していくほかない。のちにホワイトヘッドによって共有されるだろう、このような考えを、ベルクソンは近代科学によって示唆されていたものと見なす。」（同 五五―五七）

序章

ここ（序章）では、本章に入る前の準備作業として、ベルクソン哲学と実証科学の関係について、総論もしくは一般論を述べておくことにしたい。本来ならば、このようなまとめは、結論の一部に含めて、最後に述べるべきなのかもしれない。しかし、本書全体の見通しを得やすくするために、ここではあえて、先に総論をもってくることにした。それというのも、これに続く本章では、ベルクソン哲学が同時代の科学の影響を受けて、どのように生成していったか、という議論を各テーマごとに見ていくため、そのような生成を追って議論が紆余曲折したり、各章の関連が見えにくかったりするという恐れがあるためである。なぜなら、ベルクソン哲学は、問題と遭遇した順序に沿って生成してきたのであり、その順序は必ずしも理解しやすいものとは限らないからだ。

したがって、「まえがき」でも触れたように、ここで述べる議論は、まさしく本章を把握しやすくするための一つの図式であって、ベルクソン哲学と実証科学との運動をそのまま捉えたものではないことを繰り返しておきたい。いわば、ベルクソンが考える哲学と科学の関係は、常に生成途上にあるのに対して、ここではそれを仮に一旦停止させて、閉じた完成した体系のようなものとして見ているのであるが、それは便宜上のものでしかない、ということである。

一・十九世紀後半の新しい科学哲学の潮流

さて、ここでベルクソン哲学と科学の関係を把握するために、彼と同時代に生じた新しい科学哲学の潮流を確認しておく必要がある。それというのも、哲学と科学の関係に関する彼の見解は、同時代の科学哲学者ピエール・デュエムやアンリ・ポアンカレなどに大きな影響を受けていたと思われるからである。デュエムやポアンカレの時代、すなわち十九世紀後半には、非ユークリッド幾何学や熱力学、電磁気学などの新しい科学が出現し、彼らはそれらの知見を得て、それ以前のオーギュスト・コントの実証哲学を批判・継承する形で、新しい科学哲学の潮流を起こしていた。彼らとコントを比較すると、形而上学に対する態度や科学的仮説の身分といった二つの点で、特徴が見出される。

コントの実証哲学は、三段階の法則として知られているように、神学的段階から形而上学的段階へ、そこから実証的段階へというように科学の発展を描いた(1)。この観点からすると、物の本質を問題にするような学問はまだ実証的段階に達していない神学的あるいは形而上学的段階として批判されることになる。コントによれば、事物の本質や絶対的概念を得ることを放棄して、観察に基づいて事物同士の関係を法則として得るところに実証的段階が成立するのである。このような彼の見解の背後には、長い間、事物の実在は何かという明確な解答を得られるあてもない議論が科学を長期にわたり混乱させ、その発展を停滞させてきたという判断がある。言い換えれば、コントの実証主義は意図的に相対主義を選択し、実在論を形而上学的教説として退けているのだ。

このことから、コントは事物の内的構造を想定するような仮説を厳しく批判する。仮説は直接的観測が不可能な場合に立てられることを許されるにすぎず、観測や実験が可能になった場合は、それに置き換えられる一時的な身分しかもたない。

このようなコントの考えに対して、次世代のデュエムやポアンカレは、観察に対する仮説あるいは規約の重要性を主張し、科学のなかで仮説は一時的ではなく本質的な役割を果たすと考えた。このような考えは、先ほど述べた非ユークリッド幾何学などの新しい科学の出現を背景としている。例えば、ポアンカレは非ユークリッド幾何学の公理が正しいかどうかは、メートル法やヤード法自体が正しいかどうかを問うのと同様に、無意味であるとし、幾何学は経験による検証が不可能という意味で、規約なのである。そして、どの幾何学の公理を選択するかは自由の余地があり、矛盾を避ける以外にその自由の制約はないとされる。[2] このように、ポアンカレもデュエムも仮説や規約に多様な役割と重要性を認め、「諸仮説の選択のなかにある程度の自由があることを主張している[3]」のである。

また、彼らは、仮説の身分だけではなく、形而上学に対する態度に関しても、コントと異なっている。コントが形而上学的段階を厳しく批判したのに対し、デュエムやポアンカレは科学が物質の実在を明らかにするという欲求（コントからすればこれは神学的、形而上学的な欲求であった）を放棄していない。彼らは「形而上学を少

（1）「この法則によれば、我々の主要な概念形成や我々の認識部門のそれぞれは理論的に異なる三つの段階を順番に通過する。それは神学的あるいは空想的段階、形而上学的あるいは抽象的段階、実証的あるいは科学的段階である。」(COMTE, Cours I, p. 3)

（2）「それゆえ、幾何学的公理はアプリオリな総合的判断でも経験的事実でもない。それは、規約である。我々の選択は、あらゆる可能な規約の間で、経験的事実によって導かれる。しかしながら、選択は自由の余地があり、矛盾を避けるという必要性以外に制限されない。」(POINCARÉ, 1902, p. 75)

（3）Anastasios BRENNER *Les origines françaises de la philosophie des sciences*, Paris, Presses Universitaires de France, 2003, p. 12.

しも断罪しようとはしなかった」(BRENNER, 2003, p. 206) のであり、「科学の内的分析を提供するものの、だからといって形而上学の排除にくみすることはない科学認識論《エピステモロジー》」(*ibid.*) を展開したのである。彼らは科学と形而上学を区別しつつも、形而上学を追放することはなく、何らかの形で科学と実在の関係を想定している。例えば、デュエムは、科学の分類が発展するにつれ、実在的な自然の分類に近づくという要求を、物理学者が導かれる形而上学として示している (cf.『信仰者の物理学』第七節)。

では次に、このような科学哲学の潮流がベルクソンにどのような影響を与えているのかを見ることにしよう。ベルクソンは先に見た二つの特徴、すなわち科学的仮説に選択の自由を認め、その一方で、形而上学を排除しないという姿勢をデュエムやポアンカレらと共有しているように思われる。ベルクソンの『創造的進化』の議論を見ると、とりわけデュエムの測定の考えや仮説検証法、全体論 (ホーリズム) などが取り入れられているのを見ることができる。これに関してはのちほど (この序章で) さらに確認することにしよう。しかし、ここで確認しておきたいのは、ベルクソンはデュエムやポアンカレの考えを受容するだけではなく、おそらく、彼なりに改変を加えているということである。ではどのような点が異なるのだろうか。

デュエムやポアンカレは形而上学を否定しないとしても、科学的仮説と形而上学を直接的に関連させることは慎重であり[4]、むしろ両者の関係を切り離すか、曖昧にしておく傾向にあった。それに対して、ベルクソンの特徴は、この両者の関係を積極的に関連づけて議論している点にあると思われる。彼は、とりわけ実在に関する主張に強調点があるときには、哲学を形而上学と呼ぶのであるが、彼はこの形而上学を仮説と見なし、さらにそれを検証可能なものとする試み[5]として定式化するのである[6]。

> わたしが〔古い形而上学とは〕反対に未来の形而上学のなかに見るのは、ほかの実証諸科学と同じく、実在の注意深

い研究によって導かれた最終結果を、暫定的にしか決まったものとして与えないように義務づけられた、漸進的で、自分のやり方を備えた一つの経験的な学である。（une science empirique à sa maniére, progressive, astreinte comme les autres sciences positives, à ne donner que pour provisoirement définitifs, les derniers résultants oú elle aura été conduit par une étude attentive du réel.）（M 480）

もちろん、実在への主張を含む形而上学的仮説を実証科学のなかで直接検証にかけるのは困難であり、そうすると、検証にかけられるのは様々な仮説、推論、観測データを含む理論全体であるという全体論へと導かれることになる。全体論によれば、実験結果がある仮説の予想と異なっても、それは理論のどこかに不備があることを示すだけであり、その理論の別の箇所を変更することで対応可能であれば、その仮説は反駁されたことにはならない。そうすると、理論のなかには頻繁に修正される補助仮説群と、修正されることはほとんど稀な主要仮説（原理や法則）に分けられることになる。以上のように分析をすると、ベルクソン哲学は全体論に類似し

（4）例えば、ポアンカレは、気体運動論のような事物の内的構造に言及する仮説（すなわちそれが粒子だとする仮説）についても、モデルとしての有用性を認め、コントのようにそれを頭から排除することはない。ただし、それを実在とみなすことには留保が付され、どのようなモデルならば実在とみなされるかということはここでは問われない。「気体運動論は、絶対的な真理と主張するならば、反論には答えられないが、しかしあらゆる反論もそれが有用（utile）であること、この理論がなければ見つからなかった連関（気体の圧力と浸透圧の関係）を解明したという点で、真である。」（*ibid.*, 175）

（5）「わたしは〔普遍的機械論という形而上学とは〕反対に、漸進的な改良と検証を受け入れられる実証的な説を定式化しようと試みた」（M 484）

（6）アルフレッド・ノース・ホワイトヘッドも形而上学を仮説としてみなすという考えをとっている。一方で、ベルクソンは同様の考えがポール・ジャネにもあることを示している。そうするとこのような考えは、十九世紀後半から二十世紀前半に一つの伏流を形成していたのかもしれない。

た構造をとっており、とりわけ最もその中核にあるのは、持続あるいは生成を実在とみなす形而上学である、というように整理できるだろう。(7)

以上のように、ベルクソンは形而上学（哲学）と科学をともに仮説検証法的な方法論として扱うという見通しを示す。しかしながら、このように科学と哲学は同様の方法を用いるとされる一方で、両者は区別され、相補的な関係を結ぶとされる。では、両者の関係はいかなるものであるのか。以下で、哲学と科学の相補的関係の定式化を行うことにしよう。

二 科学と哲学の相補的関係

以下に述べる相補的関係の定式化は、何度も繰り返す通り、本書全体を見通すための便宜的な図式であり、ベルクソン哲学の実像ではないことに注意が必要である。また、ベルクソンは「相補的」という言葉を最初から使っていたわけでもなく、それは科学への批判と協働ともに、彼が自らの哲学を構築してきたなかで、段々と整備されてきたものだといえるだろう。(8) 言い換えれば、以下に示す哲学と科学の相補的関係の定式化は、長い期間、彼が実践してきた活動に沿っていろいろな所で断片的に述べていることを我々がまとめたものである。したがって、このような整理の仕方には、ベルクソンが述べてきたことに加えて、我々の解釈が入っている（とりわけここで述べる相補的関係のいくつかの局面）ことも指摘しておきたい。

「相補的」という語が、意識的に使用されはじめるのは、おそらく一九二二年の『持続と同時性』および、同年「緒論（第二部）」（『思考と動くもの』所収）が最初ではないかと推定される。例えば『持続と同時性』の序文では、この著作のモチーフが、「科学と哲学は異なる学科ではあるがそれが相補うようにできているという考え（l'idée que science et philosophie sont des disciplines différentes mais faits pour se compléter）」（DS ix）であることが表明されている。(9) では、この考えとはいかなるものなのだろうか。

何度か述べたように、ベルクソン哲学では、およそ実在するものは持続していると考えられる。その一方で、知性がつくる空間的な図式や言語などはそれ自身では持続しないものと考えられるので、それらは実在 réel ではなく虚構 imaginaire とされる。このような持続と空間的図式（記号）という対立の上に、哲学と科学の方法が重ね合わせられることになる。すなわち、図式的にまとめると、持続や生成から出発する認識が哲学的方法（直観）であり、記号や言語から出発する認識が科学的方法（知性）なのである。したがって、哲学も科学も仮説検証法的な手法を用いるとしても、両者は出発点や具体的な方法が異なっていると整理できるだろう。では次に、哲学と科学の具体的な方法をそれぞれ概観することにしよう。

（7）もちろん先にも注意した通り、形而上学まで巻き込んだ全体論はベルクソンによるものであり、デュエムの主張ではない。デュエムは科学的には現象論をとり、科学と形而上学を区別していた。ただし、デュエムはコントのように形而上学を否定することまではせずに、その余地は残している。

（8）科学と哲学の関係について、例えばベルクソンは一九〇三年の「形而上学入門」の最初の註では「この時期より、我々は形而上学と科学という言葉の意味をより正確にするように導かれた。」（PM 177）と述べ、同書の別の註では、「我々はのちほど正確さを増す配慮により、科学と形而上学と同様に、知性と直観をもっと綿密に区別するように導かれた」（PM 216）と述べている。なぜそうする必要があったのか、哲学と科学との関係に関するベルクソンの揺れ動きについて綿密な考察としては、cf. 杉山直樹、二〇〇六年b、一七八―二二四ページ。なかでも「形而上学入門」に関してはcf.同 一九二。

（9）同じく一九二二年の「緒論（第二部）」では「哲学と科学は、一つの共同的で前進的な努力によって、互いを形成し合うだろう。哲学の方法の改良が不可欠となるだろうが、それは、かつて実証科学が受け入れた改良と、対称的で相補的な（complémentaire）改良なのである。」（PM 70）と述べられている。

まず、哲学あるいは形而上学の方法を見ることにする。ベルクソンは実在するものが持続であると考えるだけではなく、それらの実在は様々に収縮―弛緩した自らに固有のリズムをもっていると考える。そこには、複雑さが少なく予見可能なものが弛緩したリズムを示すと考えられるのに対し、非常に複雑で予見不可能なものが生成するにつれて、緊張したリズムを示すと想定される。こうして、記号を除くあらゆるものが、それぞれの仕方で弛緩―収縮しながら、存在することになるが、この純粋に時間的・持続的側面から捉えられた領域をベルクソンは潜在性の領域と想定する。そして、人間も自らに固有のリズムをもつのであるが、直観という能力は自らの固有のリズムを超えて、潜在性の領域を出ることなく、他のものの持続を直接認識する努力として描かれている。このような持続の存在論と認識論は、『物質と記憶』第四章以降、ベルクソンの著作のなかに幾度となく描かれることになるが、ここでは、「形而上学的入門」の議論を例として挙げておこう。

> 我々の持続の直観は、下方にせよ上方にせよ辿っていくことを試さねばならない持続の連続全体に我々を接触させる。……どちらの場合でも我々は自分自身を超える。第一の場合我々は段々拡散した持続へと歩み、……その極限には純粋な等質性と純粋な反復があるだろうが、それによって我々は物質性を定義するだろう。別の方向に歩めば、我々はますます緊張し、収縮し、強度を高める持続へと向かうことになり、その極限には永遠性が存在するだろう。……これら二つの極の間を直観は動き、この運動が形而上学そのものである。（PM 210–211）

このような直観によってあらゆるものを持続のリズムや度合いによって直接的に捉えようとする方法こそ、形而上学（métaphysique）の本質的な方法にほかならない。したがって、この方法の対象も、持続あるいは生成になる。もちろん、これだけでは、何ら仮説検証的な方法ではない。しかし、このような直観的把握は一瞬であり、逃れやすいので、知覚や実証的な議論によって確証される必要が出てくる。この点についてはのちに説明するとして、次に科学に関する説明を見ることにしよう。

では、これに対して科学の認識方法はどのようなものと考えられているのだろうか。科学は哲学とは反対に、持続しない虚構、すなわち等質的な空間―時間や言語による記号的認識が、科学のとる方法である。では、これらの記号を使ってどのように科学は実在を認識すると考えられているのか。ベルクソンによれば、これらの記号が表現しているのは「ものや事象間の関係（relation）」であり、それらの「法則（loi）」である。(10)そして事物から関係を抽出するためには、まず測定の単位を決める必要がある。ベルクソンはここで、この単位の決定は規約的なものであり、言い換えれば、人為的なものであることを強調するが、(11)ここにデュエムやポアンカレの影響を見てとることができるだろう。

では、ベルクソン哲学では、科学はいつまでも実在的なものに対してあてずっぽうに外的関係しか結べず、相対的認識のまま、進歩も発展もしないことになるのだろうか。ベルクソンはそうとは考えない。物理量の定義や測定が規約的であるのは確かだが、それゆえに科学は次々と仮説を立てて実験と照合することで、理論を訂正してゆくのであり、事実上、科学は規約であっても、権利上は実在に到達できると彼は考えるのである。

我々の科学は数学的形式をとることを望み、物質の空間性を必要以上に強調する。したがってこれらの図式は一般的にあまりにも正確すぎるのであり、常に作り直す必要がある。科学理論が決定的であるためには、精神は事物の

(10)「ところで一つの法則は諸事物、あるいは諸事象間の一つの関係である。より正確には、数学的形式の法則は、ある大きさがほかの一つもしくは複数の適切に選ばれた変数の関数であるということを示している。」（EC 230）

(11)「我々の測定の単位は規約的であり、いうならば自然の意図とは無縁である。……より一般的には、測定することはまったく人間的な操作であり、二つの対象を実際にあるいは観念的に何度か重ね合わせることを含んでいる。」（EC 219）

全体をひとまとまりに包摂し、事物を互いに正確に位置づけることができねばならない。しかし、実際には、我々は問題を一つ一つ措定するので、用語は一時的なものになり、それぞれの問題の解決は、次の問題が与える解決によって無際限に訂正されねばならず、科学は全体として問題が代わる代わる措定される偶然的な順序に左右される。この意味で、またこの限りにおいて、科学は規約的と見なさねばならないが、規約性は事実上であって権利上のものではない。原理的には、実証科学は慣性的物質という固有の領域を出ない限りで、実在そのものに到達するのである。(EC 208–209)

知性はこのように実在に外的関係を実在に押しつけ、実在と記号の関係は規約的（conventionnel）なものなのであるが、実験の検証によって理論を改訂していくにつれ実在に接近するのである。このように、ベルクソンの科学的方法論には（1）物理的大きさの定義と測定→（2）仮説の選択→（3）理論の数学的展開→（4）理論と実験の照合、というデュエムの科学哲学システムの影響が色濃く見られる、と考えられるだろう。

以上が、ベルクソン哲学における哲学と科学の位置づけについての説明であるが、ではこれらは一体どのようにしての相補的な関係を結ぶことが可能になるのだろうか。相補的関係をまず簡略化していえば、一方で科学が記号的認識を進め、他方で形而上学が潜在的な持続の度合いにおける認識から直観的認識を進めることで、二方向から実在の二側面を相補的によりよく説明し、互いの説を確認し合うといったものであるが、これはあくまでも方針や目的である。では具体的にこれら二方向がぶつかり合うところでは、何が起きるのであろうか。科学的認識は、事物から空間的要素を抽出した記号による認識であるから、比較的、空間的要素を多く含む事象と親和性をもっているのに対して（力学、物理学、化学……）、時間・生成的要素が多く含まれる領域（生化学、生理学、生物学、心理学……）ほど、そのまま適用しにくくなる。このように、哲学と科学はその対象領域も生成（精神）と空間（物質）というように区分されるのである。

ところで、我々の知覚にはこの時間的要素と空間的要素はよく識別されない混合した状態で与えられる。ここで、科学は記号をこれらの混合物に気ままに適用する傾向がある。実在にそぐわない図式を、整理されない混合物に当てはめるとき、知性による錯覚が生じやすくなる。科学は物質的領域を扱う限りで、実在に触れることができるのだが、それにとどまらず図式化を極度に推し進める傾向がある。そこで、哲学と科学の相補的関係の第一の局面は（これが最も目立つのだが）このような科学の極度の図式化に対する哲学による批判からなる[12]。

この図式化を極度に推し進めるところに出現するのが、科学主義であり、それはある種の空間の形而上学ともいえる。当時は、科学主義は唯物論や普遍的機械論と結びつけて理解されていたが、それはあらゆるものを空間化、無時間化、あるいは記号化し、すべてを永遠の相の下で見るため、持続や生成を錯覚あるいは偽の問題と見なしてしまう。このように整理してみると、「まえがき」で我々が見たように、改めてなぜベルクソンが科学主義を批判したか理解できるだろう。それというのも、ベルクソンにとってみれば、科学主義は生成の形而上学に対する対立仮説として立ちはだかるからであり、しかも、それは実証科学が進展する傾向とより適合しやすい強力な仮説となるからである。

しかしながら、哲学と科学は対立するばかりではなく、正しく互いを理解すれば補い合うものであるとベルクソンは考える。形而上学は、直観によって潜在的な領域を出ることなく、実在の直接把握を試みるという利点をもつが、これもすぐに自らの限界を明らかにする。直観を得るためには非常な努力が必要なのにもかかわ

（12）ベルクソンの科学批判の多くはこの見地からなされているという点で方法的である。例えば『物質と記憶』で行われる観念連合の心理学とそれと結びついた生理学の批判、『創造的進化』のダーウィニズム批判は科学の進める空間的図式化に対するものである。

らず、直観は長続きせず、逃れやすい（fuyant）。したがって、形而上学は「経験の土壌の上では、不完全な解決と暫定的な結論とともに増大する蓋然性を獲得」（PM 46）していくしかない。この暫定的な形而上学の蓋然性を高めるためには、様々な経験的領域での検証が必要であり、そのとき、検証として役に立つのはまさしく実証科学の知見なのである。(13)「まえがき」で見たように、ベルクソンが一冊の著作を完成させるのに徹底的に関連する科学的文献を調査したというのも、まさしく、蓋然的な性格しかもたない持続や生成の形而上学を検証することが必要だったからであり、科学との対話は持続の形而上学構築にとって不可欠な内在的要因であったと考えられる。これが、持続あるいは生成の哲学の漸進的構築という相補的関係の第二の局面である。

一方で、実証科学は先に見たような仮説形成法によって、実在に接近することができると考えられるのだが、それが成功するのは、比較的単純な物質の系であり、物質が複雑な系を構成し、さらに時間的・生成的要素が介入すると困難の度合いは飛躍的に増加する。(14)ベルクソンはここでは逆に哲学が科学に有益な影響を与えると考えている。彼はこれを体現している例として挙げるのが、クロード・ベルナールである。一九一三年「クロード・ベルナールの哲学」で、ベルクソンはベルナールを実験生理学者としてだけでなく、哲学者として評価している。そこでは、ベルナールの実験生理学は、暫定的に実在を明らかにしていくという哲学の方法に導かれて発展していったという見通しが語られている。(15)

ベルクソンは、ベルナールのように、科学者のなかにも、科学的な創意や発明を可能にするような直観が働くことを認め、それが科学の発展に寄与してきたと考えている。そのような直観は最終的に概念（concept）の形をとり、すなわち記号になってしまうとされる。結局、直観も硬直して記号化してしまうなら、直観の努力は無意味であるように思われるが、そうではない。(16)ベルクソンはこのような概念を「実在をあらゆる曲折において辿り、事物の内的生命の運動そのものを取り入れることのできる流動的な概念」（PM 213）として肯定的に捉えている。例えばそのような例として、微分が挙げられているが、[17] 微分とはまさしく静的な（statique）点を動的な（dynamique）観点から捉える概念なのである。したがって動的な科学と静的な科学、いわば静的なものを動的なものの内に吸収する傾向と、静的なものによって動的なものを模倣する傾向の間を科学は揺れ動くことになる。そして前者の傾向を大きくもった科学は非人称的な経験のみならず、直観によって実在と結びついているため、もはや相対的ではなく、実在の内部に触れると考えられるのである。以上が相補的関係の第三の局面であり、それは哲学が科学の導きの糸として役に立ったり、新たな概念の創造の誘いとなったりする、というものと考えられる。

さて、以上が、相補的関係の定式化である。それは、科学主義等の対立仮説と競合しながら（第一の局面）、

(13) 「逆に、科学は形而上学に精確さの習慣を伝えるだろう。その習慣は形而上学のなかで周辺から中心に伝播することだろう。」(PM 44)

(14) 「実証科学は純粋数学の領域を出発し、次いで力学、物理学、化学へとつづき、生物学の領域に到達した。最初の領域は、お気に入りの領域であるが、それは慣性的物質の領域である。有機組織された世界では実証科学は気楽さは少ない。そこでは物理と科学を支えにしなければ確かな歩では進めない。実証科学は生物に固有の生命的なものよりも生命現象のうちの物理-化学的なものに専念する。しかし精神に到達したとき、実証科学の困惑は大きい。」(PM 34)

(15) cf. PM 235–237. 例えば、「人間の科学には規約的、記号的なところが存在すると哲学者たちが主張するよりも前に、彼〔ベルナール〕は人間の論理と自然の論理の間に隔たりがあることに気づき、それを推し量っていた。……実験を試み、仮説が検証されたとしても、事実が仮説になじむように我々を強いるにつれて、仮説は明晰になり理解可能にならねばならないだろう。しかし、観念はどんなにしなやかにつくっても、事物のしなやかさとは同じにならないことを覚えておくことにしよう。実験にもっとぴったりとした観念があれば、古い観念を捨てる準備がなくてはならない。」(PM 235–236)

(16) ベルクソンは、このような概念について、「我々が普段述べているものとはまったく異なった概念を創造する」(PM 188) と述べている。

(17) 「近代数学はまさにできあがったもの（*tout fait*）をできあがりつつ（*se fait*）あるものに置き換えるための、大きさの発生を追い、もはや外側から（du dehors）広げられた結果においてではなく、内側から（du dedans）変化する傾向において運動を捉えるための努力である……」(PM 214)

持続の哲学の生成を科学とともに協働すると同時に[18]（第二の局面）、さらには、科学者に持続あるいは生成の科学の構築を呼びかけるというプラン（第三の局面）を有していたと解釈できる。さらには、

……科学に物質を、形而上学に精神をゆだねるならば、精神と物質は触れあっているのと同じく、形而上学と科学は共通の表面に沿って、接触が豊かになるまで、互いに試し合うことができる。精神と物質は合流するのだから、二つの側面から得られた結果も合流するだろう。接合が完全でないならば、科学か形而上学か、両方のなかに修正すべきものがあるからだろう。（PM 44）

と述べられているように、科学と哲学はさらに互いに仮説を形成し合い、それを経験のなかで検証し、不都合があれば修正するという、（デュエムが科学のみに全体論を制限したのとは反対に）哲学を含めた広い意味での全体論的な手法とみなすことができる。では、この科学と哲学の協働のなかで様々な仮説選択が可能な場合、ベルクソン哲学ではそこにどのような仮説選択の基準が働くのだろうか。

その問いに対しては、「哲学は生成一般の研究の深化であり、ほんものの進化論、したがって科学の真の延長である。」（EC 369）と『創造的進化』の最後の文章にあるように、そこには生成の研究を深めてくれる理論仮説が選択されるという基準が働いていると答えることができる。いわばベルクソン哲学は科学にとって解明が困難となる生成の研究を導いてくれるようなリサーチプログラムのような形で働くと見なすこともできるのである。

さて、以上が哲学と科学の相補的関係の図式である。しかし、この総論的な見通しは、ベルクソンが実在の紆余曲折をたどりながら、そのたびに問題に遭遇し、具体的なテーマを扱うことを通して、徐々に形成されてきたものである。本章では、したがって、相補的関係のおもに、第一の局面（対立仮説の競合）と第二の局面（持

続の哲学の構築）の各論に光を当てることにしたい。もちろんベルクソン哲学には、同時代の哲学や哲学史など科学以外の様々な要素がその生成に関わっているはずであるが、本書では立論の目的上、当時の実証科学の影響にのみ的を絞ることにする。

具体的には、なるべくベルクソンが遭遇した問題の順に論を構成し、そこにどのように当時の科学的概念が関わるかということを明らかにしていきたい。まず時間と空間と運動に関わる、連続性の問題と持続概念の形成（第一章）、次に、決定論の問題と力やエネルギー概念の関わり（第二章）、心身問題と当時、発達しつつあった神経科学の関係（第三章）、また有機体の非可逆的過程の問題とエントロピー概念（第四章）、そして非可逆的過程と結びつきの深い偶然性概念の科学への導入と階層の問題（第五章）、また偶然性と対をなす目的性概念と進化生物器官の形成の問題（第六章）、そして相対性理論と宇宙論の問題（第七章）のトピックを各章で扱うことにし、最後にそれらをもう一度まとめることにしたい。(19)

(18) この意味で、まさしくジャン・ガイヨンが指摘するように、ベルクソンは「介入主義的な態度（une attitude interventionniste）」（GAYON 178）をとる。

(19) 本書では、生物学に関しては扱いが不十分であり、心理学や社会学についてはほとんど触れられていない。これは筆者の力量不足のためであるが、本研究を土台にして、さらにこれらの未完の研究に関しても、今後の研究で進めていくことにしたい。

第一章　持続概念の形成と連続性の問題

はじめに

本章（第一章〜第七章）の各章では、ベルクソンがどのような問題に遭遇し、科学と対話するなかでどのように彼の哲学や概念がつくられていったか、ということを論じたい。第一章では、持続概念の形成に、連続性の問題が深く関わっていたことを見ていくことにする。ベルクソンは一八八九年の第一主要著作『意識の直接与件についての試論』（以下『試論』と略する）のなかで、持続という概念を提示するが、この十九世紀末には、連続性という概念がいろいろな分野で問題になっていた。『ベルクソンと微積分学』（Jean MILET, *Bergson et le calcul infinitésimal*, Presses Universitaires de France, 1974）の著者であるジャン・ミレは、この著作のなかで次のように述べている。

この〔連続の〕問題は、哲学と同じほど古いが、十九世紀末に、再び現代性〔actualité〕を回復したところであった。当時、物理諸科学は原子論の諸々の根本的仮説を提示しており、物質の連続性と非連続性の問題を新たにもちだした。生物学では進化の連続性と非連続性に関して問いただされていたし、最後に数学では、系列の集合に関するカントールの仮説に直面して、人々は有限しか認めない立場と無限を認める立場に分裂した。当然のごとく、これらのすべての議論に熱中したベルクソンは、今度はその問題に立ち向かいにいくだろう。（MILET 37）

この引用部にも見られるように、連続性は数学、物理学、生物学などに広く関わる概念であり、例えば、同時代の哲学者チャールズ・サンダース・パースは「十九世紀の大いなる任務は、連続性を実現しようと努力することであった。(1)」と述べ、彼自身その努力を引き継いで、連続性の論理学的、形而上学的な問題に取り組んでいた。

その一方で、ベルクソンは連続性の問題をパースのように表立って主題化するわけではない。しかし、彼の哲学の根底には、連続性の問題が絶えず通奏低音のように鳴り響いているのであり、例を挙げるならば、彼は『思想と動くもの』の「緒論Ｉ」で持続を発見したときのことを次のように述べている。「長い反省と分析のち、偏見を一つずつ引き離し、批判なしに受け入れてきた多くの考えを捨てることで、統一性でも多数性でもなくどんな枠にもはまらない連続性である純粋に内的な持続〔la durée intérieure toute pure, continuité qui n'est ni unité ni multiplicité〕を最終的に再び見出したと信じた。」（PM 4）ここでは、持続は、連続性と言い換えられている。しかし、連続性という概念は多岐にわたる分野と関連し、連続性の定義や内実、連続性の問題を考える背景は分野ごと、論者ごとに異なる。したがって、ベルクソンが持続概念を形成するなかで、連続性の問題と遭遇した経緯や時代背景を見ていく必要があるだろう。

一．ベルクソン自身による説明

ベルクソンは、書簡や著作のなかで何度か、持続概念の成立に関して説明しているが[2]、その説明によると、若いころの彼はハーバード・スペンサーの哲学に惹かれており、とりわけその力学の根本概念に関心があったと述べている。このように出発点は、数学や力学を扱う科学哲学にあったのだが、その関心が心理学へと移るなかで持続概念が成立した、と彼は述べている。そして、この移行に際して連続性の問題が大きな役割を果たしていると考えられるのだが、ここではまず、スペンサー哲学の概略と、次になぜベルクソンがスペンサー哲学に関心をもったか、ということを『思想と動くもの』の「緒論Ｉ」の説明に沿って確認することにしよう。

序章で我々はコントの実証哲学に触れたが、スペンサー哲学も基本的には、科学による知の総合を目指す実証主義的なものである。しかしながら、その特質は、スペンサーがそのあらゆる体系を進化論によって導き出そうとした点にある。スペンサーは evolution という語を「進化」という意味で用いた最初の人物であり[3]

(1) PEIRCE, *Reasoning and the Logic of Things*, Harvard University Press, 1992 (1898) p. 163（翻訳は、パース『連続性の哲学』伊藤邦武編訳、岩波文庫、二〇〇一年を参照した。）

(2) 例えば書簡だけでも以下のようなものがある。ジェイムズ宛書簡では「私が『試論』を書いたとき、『努力』についてのあなたの論文しか知りませんでしたが、私は時間の観念の分析と、力学のなかで果たされる時間の役割についての反省から、心理的な生へと導かれたのです」(M 580) と述べられている。このように『試論』以前の数学・力学から心理学への移行という内容はベルクソン自身によって繰り返し反復されている。パニーニ宛書簡 (M 604)、リボー宛書簡 (M 656–8)、再びジェームズ宛書簡 (M 660–1, 765–6) などでも同様である。

(3) Evolution という概念の変遷は、スティーブン・J・グールド『個体発生と系統発生』仁木帝都ほか訳、工作舎、一九八七年、六一―六七ページに詳しい。

（一八五二年「発達の仮説」）、その発想はチャールズ・ダーウィンの『種の起源』（一八五九年）よりも早い。スペンサーは進化を同質性から異質性への移行として定義し、この進化の原理によって物理学から生物学、心理学、社会学、倫理学や宇宙生成まで説明し尽くそうとするのである。

では、ベルクソンはこのようなスペンサー哲学のどこに注目していたのか。「緒論I」では、多くの哲学体系が、あまりに一般的、抽象的な概念を使うため、我々の生きる現実の寸法に合わせて裁断されていないのに対し、「スペンサー哲学は事物をかたどり、事象の細部にあわせてつくる（prendre l'empreinte des choses et à se modeler sur le détail des faits）ことを目指していた」（PM 2）点が例外的であったと述べている。しかしながら、スペンサーの進化論の根幹をなす『第一原理』（Herbert SPENCER, *First Principles*, 1862）に関して、ベルクソンは「力学の《根本的観念》（les «idées dernières»）」（*ibid.*）に弱点を見出しており、その弱点を解消する目的で、数学・力学に関わるような科学哲学に関心をもっていた、と説明している。(4)(5) こうすると、実は、ベルクソンの関心が純粋に数学・力学的なものではなく、実証的体系の発生をたどる進化論哲学との関連で、それらに関心があったということには、注意しておいた方がよいだろう。いずれにせよ、彼はそこで進化論の時間について、思いを巡らすことになるのである。

我々は、進化の哲学全般で主役を演じる真の時間が、いかにして数学から逃れてしまうかを見て驚いたのであった。時間の本質は過ぎ去る（passer）ことだから、そのいかなる部分も、他の部分が現われているときには、そこにはもう存在しない。それゆえ、測定を目的とした部分と部分の重ね合わせ（la superposition de partie à partie en vue de la mesure）は不可能であり、想像できず、考えられない。……というのも、自らに重ね合わせることができ、その結果、測定可能に持続をしてしまった結果、それは本質的に持続しないことになるだろうからである。（PM 2-3）

序章で見たように、測定は当時の科学哲学でも重要な問題であったが、測定できないというところからベルクソンの持続概念へのアプローチが語られていることは興味深い。というのも、デュエムの物理理論の構造にもあるように、測定という操作が物理学に必要な条件であるならば、ベルクソンの考えている持続はまさしく測定できないという地点から、数学や力学を離れ、心理学へと向かうからである。

　このようにして、「持続を測定することなく見、停止させることなく把握することだけを望む意識には、持続はどのように現われるか」（PM 4）という問題設定がなされたのち、「我々は内的生（la vie intérieure）の領域に浸透した」（*ibid.*）と述べられるように、心理学への移行が語られ、そののちに、一でも多でもなくどんな枠にもはまらない連続性としての持続が発見されることになる。しかし、これだけでは、連続性という語がなぜ突如として現われ、持続がなぜ連続性であるのかはつかめない。しかしながら、数学・力学から心理学への移行のなかで、持続概念の形成に連続性の問題が関わることを示す別のテクストが存在するので、それを吟味することへと移ろう。

　ベルクソン生誕百周年集 *Œuvres* の『試論』の註（*Œuvres* 1541-2）には、シャルル・デュ＝ボスが『試論』の構

（4）これらが何を指すのかは明らかではないが、おそらく、スペンサーは科学的な究極観念（ultimate scientific ideas）は不可知であるという議論をした上で、我々に知られるのは関係のみであり、次に知識に必要なデータとしては、空間、時間、物質、運動、力を挙げている（cf. SPENCER, 1862, chap. iii, part II）ため、これらの観念がここで述べられている「根本的観念」に該当するのではないかと考えられる。それというのも、この観念のなかに時間が含まれているが、実際に、ベルクソンはこの後で「こうして、我々は時間の観念の前に導かれた」（PM 2）と述べているからである。

（5）このスペンサーに関する見解もおそらくすでに、連続と非連続の問題が関わっていることが推定される。それというのも『創造的進化』で挙げられるスペンサー哲学の問題点は、「スペンサーのいつもの技巧は、進化したものの断片で進化を再構成することにある」（EC 363）と述べられるからである。

造と分節化の過程をベルクソンに尋ねたものが載せられているのだが、ここでもベルクソンの解答で数学から心理学への移行が大まかにたどられることは、他のテクストと変わらない。ただし、ここではその移行の間に、ゼノンのパラドクスの議論が挿入されている点が異なる。

このことが話題となるきっかけとなったのは、ベルクソンが『試論』を書く以前にいたクレルモン゠フェラン時代の生徒デゼイマールが *Bergson à Clermont-Ferrand*（1910）という著作を出版し、そこでベルクソンの持続の直観はエレア派の議論（ゼノンのパラドクス）からやってきたという説明[6]があるため、デュ゠ボスがその真偽を尋ねたためである。ベルクソンは、出発点にはゼノンのパラドクスというよりは、スペンサー哲学があったことを指摘しつつ、その後で、ゼノンのパラドクスにも役割を認めて、次のように述べている。

> 私は時間が、一般にいわれているようなものではありえず、別のものが存在することを分かってはいたが、さらにそれが何であるかは分からなかった。出発点はそこにあったが、非常に漠然としたものであった。ある日、私はエレア派のゼノンの詭弁を黒板で生徒に教えていたが、そこで私はどの方向へ探求を進めるべきかがより正確にわかりはじめた。デゼイマールがいった真理の一端はこのことに帰着する。（*Œuvres* 1541-2）

これをまとめると、持続概念の成立過程には、時間の動性と計測不可能性の問題があり、さらに、そこにはゼノンのパラドクスの問題が深く関係していることが認められる。そうすると、連続性の問題はゼノンのパラドクスとの関連で、持続概念と関連するようになったと推測できるだろう。そして、まさしくゼノンのパラドクスは、空間・時間の連続性や、運動の実在、ひいては無限や微分などのテーマと連関している。では、ゼノンのパラドクスが連続性についていかなる問題を引き起こすかを概観することにしよう。

二．ゼノンのパラドクスと十九世紀後半の時代状況

ゼノンの運動に関するパラドクスは、アキレウスと亀、飛んでいる矢は止まっているなどのパラドクスが有名であるが、その意図としては、運動や変化は実在せず、一なる不変のものしか存在しないというパルメニデスの説の擁護にあったと考えられている。すなわち、多や運動・変化が実在するという前提から出発すると矛盾が生じ、その結果、帰謬法による間接証明によって、前提が否定されることが論証の目的だということである。そしてこれから見るように、その矛盾を示す際に、連続性が重要なポイントになるのである。

しかし、このような古代ギリシアのパラドクスをベルクソンはなぜ改めて議論したのか。そこには、十九世紀半ばに再びこの問題がアクチュアリティをもってきたという時代背景が指摘できるだろう。本章の冒頭に引用した『ベルクソンと微積分学』の著者であるジャン・ミレは、そのきっかけを作ったのは、哲学者のシャルル・ルヌヴィエであると指摘している。ルヌヴィエは彼の主著『一般批判哲学試論』(*Essais de critique générale*)の第一試論『一般論理学と形式論理学』で、ゼノンの運動のパラドクスに対して「数学的解決に訴えることの正

(6) 話題に上がっているデゼイマールの著作の箇所はだいたい次の所かと思われる。「彼の古い同僚のなかのひとりがいうところによると、ベルクソン氏は何の変哲もないが美しい段々のブドウ畑が占める風景のなか、クレルモンとボーモンの間を周期的に行ったり来たりしていた。何度か高校を出た後、彼は瞑想の糸をたどるがまま、トリュデーヌ大通りを通って、古風なスペイン広場までそこらじゅうを歩き回っていた。こんな風にして、彼は高校生たちにエレア派の議論を説明した授業の後で、次のような考えにぶつかったのだ。時間の数学的な概念は真の持続を説明しないが、我々の心理的な生命でふくらんだこの真の持続は意識によって我々に直接与えられ、恣意的な分解にも測定にも適しない。この啓示の周りに、彼の精神のなかに芽を出していた理論が凝集され、その博士論文のすべての計画が決したのだ。」(DÉSAYMARD 15)

当性に異議を唱えた」(MILET 44-45) のである。それまではとりわけ、ライプニッツによる微積分を用いることでゼノンのパラドクスの解決を図っていた哲学者が多かっただけに、ルヌヴィエの議論は問題提起的であり、その後に活発な論争が展開された(7)。

ミレのまとめによると (cf. *ibid.*, 45)、ルヌヴィエの議論(8)は、空間や時間を「無限に分割可能な (*divisibles à l'infini*) 部分から構成される」連続体と考えると、アキレウスと亀などの難問《アポリア》に衝突し、反対に、空間や時間を「分割不可能な (*indivisibles*) 部分から構成される」非連続的なものと考えると、飛ぶ矢などの難問に衝突してしまうことを示すものである。前者は動体が指定された極限に到達できない (アキレウスは亀に無限に接近するが追い越せない) という困難を引き起こし、後者は運動の不動化 (飛ぶ矢が静止している)(9) という困難を引き起こす。ここから、ルヌヴィエは数学が空間や時間を連続と捉えても非連続と捉えても運動を捉えそこなうことを論じるのである。

このようにルヌヴィエはゼノンの議論を解釈し、議論のパラドクスを誠実に認めるのであるが、そこから引き出す結論はゼノンの結論と異なっている。それは、ゼノンがこの矛盾から運動や多の否定を導くのに対し、ルヌヴィエはこの矛盾は、運動を捉える人間理性や数学的手法の限界 (カントのアンチノミーが念頭におかれている) によるものと考え、数学に訴えて運動の不動化などの困難に陥るのではなく、直観に訴えて運動の現われを擁護しようとする。すなわちルヌヴィエの「議論が対象としようとしていたテーマとは、ゼノンの難問の解決を数学に求めるか、直観に求めるかというものであった」(MILET 45) のである。

このようにルヌヴィエの問題提起は、数学はなぜ力学を扱えるのかという哲学の根本的問題の一つに関わるものであったといえるのだが、十九世紀末には、ゼノンのパラドクスをめぐって、さらに重要な議論が展開されていた。それは、ゲオルグ・カントールによって実無限に関する新たな数学的定義が可能となり、それによって連続性の概念も無際限な分割から、無限な点の集合へと新たに捉え直されることになったのである。バートランド・ラッセルは、それに基づきゼノンのパラドクスを新たな仕方で議論し、それに対してウィリアム・ジェイムズはルヌヴィエの立場をとりつつ、ラッセルに反論するだろう（遺稿集『哲学の諸問題』）[10]。また、パースはカントールの議論を踏まえつつも、独自の新たな連続性概念を生み出している。ベルクソンはカントールの考えに関して触れている箇所は見出されないため、この新たな連続性概念に関する議論の詳細は省き、このような時代背景のなかで、ベルクソンの思考が熟していったことを確認するにとどめよう。しかし、興味深いことに、カントールとは異なる新たな連続性概念を構想したパースも、ジェイムズが拠り所とするルヌヴィエも、そしてベルクソンも共通してアリストテレスに訴え、とりわけ潜在的無限の様相概念を批判的に吟味して、この問題を独自に捉え直している。では、我々もベルクソンによるアリストテレスの連続性に関する吟味を見たのちに、それがいかに持続概念と関連するようになるかを見ることにしよう。

（7）ミレはルヌヴィエのほかにこの論争に関わった人物として、J. TANNERY, EVELLIN, DUNAN, G. MILHAUD, Victor BROCHARD をあげている。
（8）cf. Charles RENOUVIER, *Essais de critique générale*, premier essai, *Traité de logique générale et de logique formelle*, 2éd, 1875, t. I, pp. 67–79.
（9）飛ぶ矢が静止するとの議論は次の通りである。あるものは自分に等しい空間を占めているとき、静止している。飛ぶ矢はこのいまでは自分に等しい空間を占めているから静止している。どのいまをとってみても同じことがいえるので、飛ぶ矢は運動の全過程を通して静止している。
（10）William JAMES, *Some Problems of Philosophy*, in The Works of William James, Harvard University Press, 1979, pp. 91–94.「直観に「算術化」をおきかえることは、実在の記述に関する限り、部分的にしか成功してないようにみえる。ルヌヴィエがいうように、内的に不条理な概念よりは知覚の不分明なデータを受け入れたほうがまだよい。」(*ibid.*, 94)

三．連続性の問題と『アリストテレスの場所論』

さて、ベルクソンの博士副論文『アリストテレスの場所論』（以下『場所論』と略）は、場所論という題名が示す通り、運動の舞台になる場がテーマになっている。そこでは、ゼノンのパラドクスは直接扱われてはいないものの、そこでも連続性の問題が論じられ、ゼノンのパラドクスは「常に念頭に置かれている」[11]（HEIDSIECK 29）と思われる。本節では、アリストテレスによる連続性の問題への対応をベルクソンがどのようにまとめているかを見ることにしよう[12]。

まず、ベルクソンは、アリストテレスがゼノンのパラドクスを避けるために、無限分割可能な空間あるいは空虚ではなく、場所という概念をもちだしたと考えている。では、場所とはいかなる概念だろうか。それは以下の引用のように、現実的場所と可能的場所という様相概念を特徴としてもつ。

> 例えば、山積みの穀粒が他の穀粒に接しながらも別々に存在するように、他の部分と連続するよりもむしろ隣接するような仕方で、全体のなかに含まれる部分は、場所を現実的に（en acte）占める。しかし互いに隣接ではなく連続するような本来の意味で部分は、場所を可能的に（en puissance）占める。もし物体を砕いて、物体が含んでいた諸部分を解き放つならば、それぞれの部分は直ちに場所を占めるだろう。」（M 31）

このようにベルクソンは、連続（*contius*）・全体—部分の関係である可能的場所と、隣接（*contigus*）・場所の関係である現実的場所という区別としてアリストテレスの場所概念をまとめる。このうち運動が行われるのは現実的場所であり、動体とそれが通過する場所の関係は隣接である。一方で、通過される場所全体は、それらの諸部分の連続から構成され、この全体—部分の関係が可能的場所となる。ではこれにより、どのようにゼノンのパラドクスが回避されるのだろうか。それをベルクソンは『場所論』では明確にはしていないので、ここで少し詳しく見ることにしよう。

パラドクスを解く鍵は、可能的場所は無限分割可能だが、現実的場所はそうではないという、可能と現実という様相の違いにある。このとき、現実的場所の分割とは何かを明らかにしなければならないが、場所と運動の関係は相即的であり、(13) 分割に関しても相即的になる。つまり、現実的場所の分割とは、連続的な運動の分割つまり、現実的停止を意味する。これに対して可能的分割とは、停止することが可能であるという可能的停止を意味するのみで、現実的停止とは区別されねばならない。では、なぜ現実的場所では無限分割は許されないのだろうか。仮に、いまアキレウスが出発点から走って、ちょうど亀に追いついた点で運動をやめたとしよう。このとき、アキレウスは亀の出発点を含め無数の可能的停止点を越えてきている(可能的分割)。このとき、有限回の現実的停止(休憩など)をするならば、到達点にいずれかはつくだろうが、無限に現実的停止を置けば到達点につくことができなくなるのは自明であろう。つまりゼノンのパラドクスは、運動の可能的停止を語っ

(11) 『アリストテレスの場所論』の第六章の非常に長い註(1)のなかで、ベルクソンはゼノンのパラドクスに対するアリストテレスの対応を論じている。(ALS 41-42)。
(12) ベルクソンは、『自然学』だけではなく『天体論』『動物発生論』『動物運動論』を用いてアリストテレスの場所概念を整理するが、そこには「アリストテレスの宇宙は一つの生物である」(M 5) というコスモロジーも関わっており、これが場所と空間の問題だけではないことを、付言しておきたい。(cf. 清水 五四)
(13) ベルクソンは「場所とは必然的に包む物体の境界でなければならない。私のいう包まれる物体とは動体のことである。」(M 32) というアリストテレスの言葉 (Phys. IV, 212, a, 6.) をあげている。

ているように見せかけて、現実的停止の操作を実際は行っているので、実際の運動とのギャップが生じるのである。

こうしてベルクソンは、可能態と現実態の区別により、アリストテレスの場所概念が現実的には有限分割しかみとめず、可能的にしか無限分割できないとすることで、可能的場所のなかに空虚 ― 現実的に無限分割を許してパラドクスの元凶になる ― を封じ込め、無限分割を許さない連続的運動を確保し、問題を回避していると見なしたのである。

このようにすれば、運動の連続性や動性は確保されるように思われる。しかしながら、ベルクソンはアリストテレスのこのような解決法に対して、「この技法は彼に物体のなかに空間を埋め込むのを可能にしただけではなく、いってみれば、問題そのものも埋めてしまったのである。」(M 56) というような判断を『場所論』の最後の一文においている。なぜ連続性を確保したのにもかかわらず、アリストテレスの解決は問題の隠蔽というような厳しい批判をされるのだろうか。

『場所論』の最終章では、アリストテレスの場所と近現代の空間が比較され、そこでは、「空虚な空間が実在するか、少なくとも我々の精神によって把握されることが不条理だとはもはや我々には思われない。」(M 51) と述べられている。そして、無際限な空間が精神によって捉えられることで、数学的理由による運動の説明が可能になることが示されている。したがって、アリストテレスが、空間に関して重要な問題を解明することなく、逃避したと非難されるのも、この重要な問題、すなわち数学による運動の説明をベルクソンが評価するからにほかならないと考えられる。しかし、このように空虚で無際限な空間を認めるならば、また連続の問題が表れ、ゼノンのパラドクスに悩まされるというように、議論は振り出しに戻ってしまうだろう。そうであるならば、ベルクソンはゼノンのパラドクスに再び直面しなければならず、独自の仕方で連続性の問題に答えなければならなくなる。このように、ベルクソンがアリストテレス的な場所の考えをとらずに、空間を選択したことは重要だと思われる(14)。

しかしながら、アリストテレスを批判するとはいえ、ベルクソンはアリストテレスの議論から重要な点を汲み取っている。ここで、場所に関して様相概念が導入されたことによって、連続性の概念がどのように変容したか注目することにしよう。まず、この分割されうるものと実際に分割されたものの様相的区別は、単に無限分割可能性を連続性と見なす立場には見られないものであった。次に、アリストテレスでは、現実的場所の分割と相即的に、運動の分割が語られ、そこから運動の連続性が着目されることになるが、この点もベルクソンにとって重要だと思われる。最後に、無限分割可能性で定義される空虚の連続に対して、アリストテレスの可能的場所に関する連続の定義では、強調点が異なる。空虚の連続性が部分間の分割に注目するのに対し、可能的場所では部分間の連結を重視するからである。そして、とりわけベルクソンがアリストテレスの概念から取り入れて、独自に発展させているのはこの可能的、あるいは潜在的連続性の概念であり、ジェイムズ(15)やパース(16)も同様であるように思われる。では次に、我々は、以上で見た、連続性、可能態と現実態という概念の内実が、

---

(14) 『試論』の等質的空間への激しい批判も、この受容があって可能になる。『アンリ・ベルクソンと空間の概念』(*Henri Bergson et la Notion D'espace*)の著者 François HEIDSIECK が指摘するように(HEIDSIECK 86–88)、『場所論』と『試論』では、カント的空間は見かけの上であっても保たれている。

(15) 「非連続と連続の対立は、いまや別の形となって私たちに直面する。連続量の数学的定義は、「いかなる二つの要素や項の間にも別の項が存在するような量」ということになるが、これは次のより経験的、知覚的概念、すなわち「連続であるのは、その部分が直接的に次の隣として現われ、その間に絶対的に何もないときである」というものと真っ向から対立する。」(JAMES, 1979, p. 95.)

(16) 「われわれはここに至って、その数多性があまりにも広大であるために、そうした集合を構成する個体どうしは互いに溶けあい、その個々の同一性を失ってしまうような、そういう特別な多にまで至ったということに気づく。このような集合こそが連続的なのである。」(PEIRCE 159)

心理学によってどのように姿を変えていくかを見ていくことにしよう。

四. 連続性概念の変質と『試論』

第一節で見たように、心理学的段階の始まりは、「持続を停止させることなく把握し、測定することなく見ることだけを望む意識には、持続はどのように現われるか」(PM 4) という問題提起で開始される。ここで力学から心理学への移行が行われるわけであるが、そこで舞台になるのは、前節で見たようなゼノンのパラドクス、いわば運動の連続性である。しかし一言に、持続概念の成立や発見といっても、「長い反省と分析ののち、偏見を一つずつ引き離し、批判なしに受け入れてきた多くの考えを捨てる」(*ibid.*) という作業をベルクソン自身が語っているように、それらは単なる内観からある日突然に得られたわけではなく、観察と概念の省察の相互作用のなかで、これらの概念が洗練されていったのではないかと思われる。

ここで心理学と数学・力学をつなぐ重要な働きをするのが運動の連続性である。実際に、『試論』では、ゼノンのパラドクスの議論が始まる直前の箇所で、運動のなかに、いわば数学的・力学的要素と心的な要素の二つの要素が区別されている。[17]

要するに、運動のなかには区別すべき二つの要素があり、それは通過された空間と空間を通過する行為 (l'espace parcouru et l'acte par lequel on le parcourt)、継起的な位置とそれらの位置の総合である。これらの要素の前者は等質的な量 (une quantité homogène) であり、後者は我々の意識のうちにのみ実在性をもち、お望みならそれは質や強度 (une qualité ou une intensité）といってもよい。（DI 83）

ここで、量と質が対比されているように、運動のこの二つの要素は、空間・力学的なものと、持続・心的なもの、すなわち『試論』第二章で示される、数的多数性（la multiplicité numérique）と質的多数性（la multiplicité qualitative）に該当する。したがって、運動から数的・空間的なものを取り除くほど、質・持続・心理学的なものが純化されることになるだろう。先の引用の直前でベルクソンはこの操作を描出している。

ここには、いわば質的な総合、継起する感覚諸要素相互の漸進的な有機化（une organisation graduelle de nos sensations successives）、メロディーのフレーズに似た統一がなければならない。このようなものこそ、我々が運動のみを考え、この運動から、ある種の動性（mobilité）を抽出するときに、運動について作る観念である。それについて納得するためには、突然、流れ星（une étoile filante）を見たとき経験することを考えれば十分だろう。この極度にすばやい運動のうちでは、通過された空間 —— それは炎の流線として現われる、と運動あるいは動性の絶対に不可分な感覚（la sensation absolument indivisible）の間で分離がひとりでに起こる。（DI 83）

このようなベルクソンの記述からすると、運動と持続の違いは、運動は外的事物に関する感覚とともに流れが構成されるのに対し、持続は内的な要素のみで流れが構成されることにあるといえるだろう。このように、二種類の多数性は、空間と持続というようにバラバラに起源をもつものではなくて、夜空を流れる星から軌跡と

（17）このようなベルクソンの運動の二面性をうまく利用した議論こそ、ドゥルーズ『シネマI』（Cinéma I 19）の議論であろう。（不動の切断：運動）＝（動的切断としての運動：質的変化）という、類比はベルクソン哲学の運動の構造を的確に示すものである。なお、『シネマ』では、これらの不動の切断、動的切断、質的変化（持続）はそれぞれ、映画のフレーム、ショット、モンタージュとして分析が続けられる。

動きが分裂するように、運動あるいは変化という連続性の問題から、空間的連続と時間的連続として分化してきたと考えたほうが適切であると思われる。以上から、運動の空間的要素を厳しく区別することで持続の質的流れがはじめて識別されるといえるだろう。これが心理学的段階に相当するように思われるが、ではなぜこの区別がゼノンのパラドクスへの解決になるのだろうか。そしてその解決によって、連続性の概念はどのように変質するのだろうか。

ゼノンのパラドクスに関する議論は、『試論』第二章のほぼ中間に位置している。[18] そして、エレア派の錯覚の原因としては、先の二つの運動の要素（動性と通過された空間）の間に浸透現象が起き、両者の間に混同が生じるためとされる。「しかしここでもまた浸透現象（un phénomène d'endosmose）が生じ、動性の純粋に強度的な感覚と通過された空間の外的な表象の間で交雑がおこる。……運動と動体により通過される空間の間に起こるこの混同こそ、我々の意見によれば、エレア学派の詭弁を生んだのである。」（DI 83）

ここで、まずベルクソンは、運動から抽出した動性に連続性を帰属させる。動きそのものである「アキレウスの一つ一つの歩みは単純で分割不可能な行為（chacun des pas d'Achille est un acte simple, indivisible）」（DI 84）と述べられるように、このときの連続性はもはや分割可能ではなくなる。しかしながら、不可分性といえば、むしろ非連続性を指すのではないか。それはなぜ連続性といわれるのか。この問いに答えるためには、ここでいわれている不可分性の内実を明らかにする必要があるだろう。

まず、ここで述べられている不可分性とは、確定した要素や全体、例えばアトミズムの分割できないアトム（多）や、エレア派の永遠・不変な全体（一）のことを指しているのではないことに注意が必要である。それらの不可分性は多であれ一であれ、事物の不可分性を示すと考えられる。しかしここでベルクソンは、「我々がここで問題にしているのは事物（une *chose*）ではなく進展（un *progrès*）である。」（DI 82）と述べているように、「事物というよりむしろプロセスの不可分性」（ČAPEK, 1971, p. 191）のことがここで問題となっているのである。[19] そして、この連続が不可分と呼ばれるのは、メロディーの音符のように現在の状態が先行する状態と有機化する、諸要素の「相互浸透（pénétration mutuelle）」（DI 75）のためである。ここでは、前節でみたように、分割可能性ではなく、アリストテレスの要素と要素の連結を強調する連続性概念への親近性を見て取ることができるだろう。さらに、アリストテレスは場所を並置関係とみなしたが、ベルクソンの『試論』では諸要素が半ば不確定となって周囲と相互浸透を起こし合い連結が強くなっていると見ることもできる。[20] その一方で、この相互浸透はすべてが均一になるまで混じり合うことはなく、質的な区別というものを残している。[21] ベルクソンがここで不可分というのは、このような性質をもつと思われる。

したがって、この不可分性を、アトムなどの文字通りの意味で不可分であるとは理解できない。それはメロディーのような独特の質的分節をもち、それを量的に計測しようと分割すると、変質するというように理解す

---

(18) 第二章の大まかな表題だけ見ると、「数的多数性と空間」→「空間と等質」→「等質的時間と具体的な持続」→「持続は計測可能か」→「運動は計測可能か」→**「エレア派の錯覚」**→「観念と同時性」→「速度と同時性」→「内的多数性」→「真の持続」→「自我の二つの相」というように、ちょうど数学・力学から心理学へ話題が移行する中核部に位置している。

(19) ここで本論は、*Bergson and modern physics* でチャペックが明晰にした「力動的な連続性」（ČAPEK, 1971, p. 90）の議論を参考にしている。

(20) 「本当のことをいえば、それぞれの観念は有機体内の細胞のような仕方で生きるのだ。……細胞が有機体のある決まった一点を占めるのに対し、真に我々のものとなった観念は我々の自我全体を満たす。もっとも、すべての観念が我々の意識状態のすべてと一体化するわけではないのだが。」（DI 101）

(21) 「この〔質的な〕多数性、この識別、この異質性はアリストテレスがいうように、可能態でしか数を含まない。それは意識が質を数えようだとか、それを複数にしようだとかいう下心なしに質的な区別を行うからである。したがって量なき多数性が存在するのである。」（DI 90）

る方が正しいだろう。[22]「感覚したり情念を抱いたり、熟慮したり決断したりする内的な自我は、その状態や変容が親密に相互浸透する一つの力であり、空間内に状態を展開するためにそれらを互いに分けた途端に深い変質を被るのである。」(DI 93)

このように、持続が不可分という意味には、分割すると性質を変えるという意味があり、逆に分割可能な空間や数は相互外在的であり、分割しても性質を変えない、と整理できるだろう。そしてこれが、ベルクソン独自の潜在(virtuel)と顕在(actuel)という区別に対応し、これを用いることでゼノンの問題に対するベルクソンの解法が可能になるのである。すなわちそれは、ゼノンのパラドクスは運動が不可能だから生じるのではなく、不可分すなわち分割すると性質を変えてしまうがゆえに測定不可能な動きそのものを、空間のなかで測定することによって分割可能なものと見なす錯覚から生じるというものである。このように、アリストテレスが分割=停止で語ったことを、ベルクソンは分割=測定という形で捉え直すのである。[23]

さて、これと同時に心理学への移行が行われ、運動のなかで位置を総合する質的な流れが、自我の概念と不可分に結びつくことによって、その移行は完成するように思われる。ベルクソンは、この運動の総合が精神的なものであることを説明する。このとき、流れの背後に総合する自我を事物のように考えてはならない。[24]このことから、例えば、音符の位置が少しずれただけで全体の印象が変わってしまうメロディーのように、総合される内容の変化につれて総合する形式である自我も変幻自在に変化することになる。

このように、この運動の総合は、空間のなかではなく、相互浸透する連続の間で行われ、「精神的総合、心的プロセス」(DI 82)と呼ばれるのである。アキレウスの歩みは、その自我の固有性を帯びて独特に(*sui generis*)なるのであり、逆にその歩みが変化すれば自我もその影響を受ける。いわば形式と内容は分離不可能な内的関係をもち、不変な空間を形式とし、そこで位置変化するアトムを内容とおくような外的関係とは異なるのである。

以上、ゼノンのパラドクスに対するベルクソンの解決が、二種類の多数性として内実の異なる連続性を強い相反関係で結びつけ、数学・力学と心理学のいわば蝶番となっているという本章の仮説的な見解を説明した。そしてこれによって変質した連続性の諸特徴をまとめると、連続的推移である持続の特徴は、（1）質的分節の相互浸透、（2）動的なプロセスの不可分性、（3）形式と内容の分離不可能な内的関係、（4）分割すると性質を変える測定不可能性であり、反対にこれまで連続のモデルとされてきた空間は（1'）相互外在的な量的可分性、（2'）静的な空間的並置、（3'）形式と内容の分離、（4'）分割をしても性質を変えない測定可能な量、へと図式化される。さらに（1）〜（4）から見れば、これら（1'）〜（4'）は無限分割などによって特徴づけられ、「非連続性にすぎない」（ČAPEK, 1971, p. 139）とさえいえるだろう。

ただし、以上の考察で持続や二種類の多数性の成立のすべての要素を汲み尽くしたと我々は主張しているわけではない。それらの概念の起源は多元的でありうるだろう。例えば、持続には質という重要な性質が付されるが、これは連続性の問題とは別の起源をもつと考えられるし、とりわけ本章の考察からは、スペンサー哲学を出発としながらも、生物学的な視点が欠けている。異質的な多数性が有機化（organisation）と呼ばれることか

（22）ドゥルーズが指摘するように（もっとも彼の場合それを強調しすぎる面があるのだが）、「ベルクソンはしばしば便宜上そのように表現することがあるとはいえ、持続が単に分割不可能と信じるのは大きな誤りであろう。本当は、持続は分割され、……それゆえ持続は多数性なのである。しかし持続は性質を変えずに分割されることはない、……それゆえ持続は数的ではない多数性なのである。」（B 35–36）

（23）「エレア派の錯覚は、不可分で独特な行為を、その下に横たわっている等質的空間と同一視することから生じる。」（DI 84）

（24）「しかし、いかにしてこの種の総合は行われるのか。等質的環境に同じ位置を新たに展開することによってではないだろう。それというのも、それらの位置の間にある位置をつなぐのに新たな総合が必要となるし、それは無際限に続くことになるだろう。」（DI 83）

らも（このような用法は、ラヴェッソンやブトルーなどにすでに見られる）[25]、これは持続概念の成立の大きな一要素であるだろう。

以上で、「長い反省と分析ののち、偏見を一つずつ引き離し、批判なしに受け入れてきた多くの考えを捨てる」（PM 4）というベルクソンの試行錯誤をたどる試みはひとまず完了した。ベルクソンはスペンサー哲学に傾倒していた若いころから時間の動性や連続性という問題関心をもちつづけ、それがゼノンのパラドクスという問題の形を得ることで、アリストテレス経由で二種類の連続性（多数性）の成立へと導かれた様を本章では仮説的に描出してきた。そして、前節でも見たように、近代科学で得られた数学による運動の探求の成果を手放さずに、連続性の問題を考察するところから、持続概念は形成されていったという点が重要である。したがって、二種類の多数性の結びつきは本質的なものであり、言い換えれば、持続概念の発展のなかに、科学との対話が萌芽的に含まれていたということもできるであろう。

（25）周知のように、スペンサーの進化の定義には異質性（heterogeneity）と等質性（homogeneity）という語が中心的役割を果たし、また異質性と等質性という対概念は、ラヴェッソンの『習慣論』のなかにも見出される。このときも有機的生物と無機質的な空間が対比されている。「力学的、物理学的、化学的な総合は完全に同質的（homogène）である。」（RAVAISSON 5）「空間内でのこの異質的な統一（unité hétérogène）は有機組織である。時間のなかの継起的な統一は、生命である。ところでこの継起と異質性をもって個体が始まる。」（*ibid.*, 6）このようにラヴェッソンにあっては、異質と同質という対立はあるが、それは統一（unité）であって多数性（multiplicité）ではない。またこのような用法は、連続性と結びついていることは明らかである。ブトルーは次のような言い回しを用いている。「連続性、異質性、階層的組織をもつ有機組織（continuité, hétérogénéité, organisation hiérarchique）：これらのものは具体的、可感的な存在の形式で、抽象的な形式に重なるのである。」（CLN 142）

第二章　力・エネルギー概念と決定論の問題

はじめに

前章で、我々は、持続というベルクソン哲学の重要概念が、連続性の問題を扱う過程で、科学との対話を内に含みながら発展してきたことを見た。本章では、同じく科学的な概念である「力」や「エネルギー」の概念が、『試論』第三章の決定論の議論で問題になっていることを中心に見ていくことにしたい。この問題では、機械論や力動論という自然に関する形而上学的システムが有する力や因果性の概念が吟味され、そこから、自由を否定する決定論（心理学的決定論や力学的決定論など）の由来が論じられる。そして、自由と決定論の仮説が対立する形でおかれ、決定論のうちでも、とりわけ心理学的決定論[1]が反論すべき仮説として扱われることに

（1）　心理学的決定論でベルクソンが念頭に置いているのは観念連合主義の心理学である。『試論』では、スチュアート・ミル、アレクサン

なるだろう。

さて、力やエネルギーという概念は科学と同様、哲学のなかでよく用いられる重要な概念であるにもかかわらず、多義的、比喩的に用いられることが多く、哲学者によって用法が異なることもしばしばである。そして、このことに関していえば、ベルクソンもまたその例外ではない。しかし、それを考察するためにまず必要なのは、その内容を構成している背景を考察し、そこに哲学的な問題がどのように関わっているかを明らかにすることだと思われる。現在から見ると、一見、過去の哲学の概念が洗練されていないように見えても、逆にいえば、そこにはすでに現在の回顧的視点が入り込んでしまっているかもしれない。したがって早急な判断を下してしまわないためにも、時代的背景に関する考察が不可欠である。

そこで本章では、力やエネルギー概念にまつわる、時代的背景や、十九世紀の後半に大問題になっていた、決定論 —— それには様々なタイプが存在する —— の歴史的な背景を概観し、それらの様々な背景を各節でおさえていきながら、『試論』第三章の力の概念の特徴を整理することにする。

一．エネルギー保存則と決定論

『試論』が出版されたのは一八八九年であるが、そこで登場する力の概念にはどのような時代状況が反映されているのだろうか。ここではまず力学的な背景を中心に概観することにしたい。まず力学の領域でも十九世紀半ばまで力の概念は、漠然とした雑多な内容を含んでいたといえるだろう。さらには熱力学や電磁気学などの諸科学が発展したことによって、エネルギーや場の概念が、力の概念から分化し始め、『試論』が書かれた十九世紀後半になっても、それらはしばしば入り混じった形で用いられていた。科学史家のイェフダ・エルカナはその一例として、十九世紀後半でも「筋肉の力」「機械の力」「重力」「電気力」「磁気力」「ガルヴァーニ電気の力」「催眠術の力」「生命力」「自然の力」などが使われていたことを示している。(2) そしてこのような雑多な力概念からエネルギー概念の分化を決定づけたものこそ、エネルギー保存則の成立であった。

ところで、エネルギー保存則の成立に関して、何が重要な契機となったのかについては複雑な要因が絡んでおり、諸説分かれるところである。例えばトマス・クーンの「同時発見の一例としてのエネルギー保存」では、エネルギー保存則の発見の引き金として、「転換過程の利用可能性（availability of conversion processes）(3)、機関（engines）への関心(4)、自然哲学」（KUHN 73）という三つの要素が挙げられている。上で見た力概念のなかにも雑

ダー・ベイン、アルフレッド・フイエの名が挙げられている。

（2）漠然とした力の概念から、場やエネルギーの概念が分化してくるプロセスに関してはエルカナ『エネルギー保存の発見』を参照した。力とエネルギーの概念については、cf. ELKANA, 1974a, pp. 14–18, 161（本文中に挙げた様々な力の例は cf. *ibid.*, 17）。力と場の概念については cf. *ibid.*, 131–133。

（3）転換過程とは、個々別々の現象であると考えられていた、熱、光、電気、磁気、化学親和力、運動などが、力として他のものを作り出し、他のものへと転換されるという概念である。クーンは一八〇〇年ころにボルタの電池の発明を始めとして様々な転換過程の利用が可能になり、そしてそれらが実際に転換過程とみなされはじめたのは一八三〇年以後の一〇年間であるとしている。逆にいえば「十八世紀にはそれらは孤立した現象であり、科学的研究に中心的な重要性をもつとはほとんど見なされていなかった」（KUHN 74）のである。

（4）エネルギー保存則に到達するためには、力の相互転換という概念だけでは不十分であり、それに加えて原因・結果の同等性という保存の概念と、また保存される量の定式化が必要である。しかしこの定量化には非常な困難が生じたとされている。またこの定量化の困難は、例えばエネルギー保存に関するマイヤーやヘルムホルツの論文も思弁的だとしてはじめに掲載を拒否されるなど、力概念からエネルギー概念が分化する際の力の概念をめぐる混乱と無関係ではないと思われる。クーンが機関への関心を重要視するのは、それがまさに仕事の概念（距離と力の積）の使用を広め、保存される量の定量化の確立に役立ったと考えるためである。クーンはサディ・カルノーとその後一八二〇年以降のフランスの文献を除いては、仕事と活力の関係を直接的に把握できていないことを指摘し、通説で認められているようなエネルギー保存則を活力（mv^2）の保存側の単なる拡張とみなしていない。

多なものが入り混じっていたが、ここには機械的な原理を拡大しようという傾向と、有機的な原理による世界観の統一を目指す傾向が、ともに含まれていたということは注目すべきである。前の二つの要素は、物体の運動に限られていた活力の保存則を、熱・電気・化学などへと拡張して、機械的原理の拡大を進めたといえるだろう。これに対し自然哲学（Naturphilosophie）は、有機体を基本的な隠喩として据えて、すべての自然現象に対する統一的原理を探求した[5]のであり、「エネルギー保存則の発見の哲学的背景を準備しえた」（*ibid.*, 99）とまとめることができる。

しかしながら、エネルギー保存則が成立することで生じたことは、その成立要因の一つとなった有機的な世界像の掘り崩しであった。それというのもニュートン力学が成立した後も、長い間成功していなかった熱・電気・磁気を力学に還元しようとする試み[6]が、エネルギー保存則の成立によって、今度はより複雑な生理学のレベルへと拡張することが可能になったからである。そして、この機械論の拡大によって、決定論の主張が新たに科学的・実証的な根拠を得たのである。

さて、十九世紀の生理学もまた、エネルギー保存則が成立する以前は、生理学的現象を物理-化学に還元しようという機械論的な傾向と、生命の特殊性を強調する生気論的な傾向が、緊張関係を保ちながらも共存していたといえる。例えば、クサヴィエ・ビシャからコントを経てクロード・ベルナールにいたる実証的なフランスの生理学だけではなく、ドイツの化学者ユストス・フォン・リービッヒ、生理学者ヨハネス・ミュラーも物理-化学への還元論的な側面と生気論的な側面を両方ともにもっていた[7]。

しかしながら、このような二つの側面の併存に対して異を唱え、生気論的な要素を徹底的に排除し、物理-化学への還元主義を決定的に推し進めたのが、ヘルムホルツと同じミュラーの研究所にいた生理学者エミール・デュ・ボア=レーモンである。そしてまさしく、生理学を機械論に還元する彼の試みで、用いられたたものこそ、エネルギー保存則であった。彼は、全宇宙が機械のように完全に決定されており、原理的には予測可能というピエール＝シモン・ラプラスの言葉を引用し、(8) 生理学的現象もそこに含まれるとした。「エネルギー保存則は、物質も力も生成消滅しないことを告げている。ある一瞬の全世界の状態も、人間の脳の状態も、先立つ瞬間の状態の絶対的、機械的帰結である」(DU BOIS-REYMOND 399)。すなわちデュ・ボア＝レーモンは別々の現象と考えられていた天文学、物理学、化学、そして生理学をすべて力学的な力に還元する手段としてエネルギー保存則を用い、力学的決定論という世界観を実証科学に基づいて補強したのである。このようにし

（5）クーンは「多くのエネルギー保存則の発見者が、すべての自然現象の根源に単一で不滅の力を見る傾向性が前もってあった」(KUHN 96) と指摘し、自然哲学のルーツをシェリング、カント、ヴォルフ、ライプニッツへとさかのぼらせている。

（6）「ニュートンによれば、すべての物質は均質の究極粒子よりなり、物質が多様な性質を示すのは力による結合状態や組織構造の差異による。つまり均質の究極粒子の複数個の結合状態のさらに複合物が、物質の化学的・光学的性質を規定する。このような一元的物質観と力学還元主義は、実は、電気・磁気・熱などの現象がよくは知られていなかった十七世紀の遺産であった。」(山本 五五) と山本義隆が述べるように、斥力・引力に物理現象を一元的に還元しようとするニュートンのプログラムはうまくいかなかった。例えば、「電気現象について、［ニュートン主義者の］デザギュリエは『あまりにも奇妙だ (so odd)』と語り、同じく一七四六年にはフランス人ニーダムは『わけの分らないこと (bizarreries) だらけ』と慨嘆しているのが、当時の気分をよく表している」(山本 六九) と述べられる通りである。十八世紀になると、電気や熱や化学といった個別の現象ごとに、電気流体や熱物質や親和力を導入して分類・定量化を行うことがはじまった。

（7）ヘルムホルツもまた『力の恒存について』を書く前に、「筋肉作用の物質消費」、「腐敗と発酵の本質」などの生理学の論文を書いており、「この時点でヘルムホルツは非局所的な生命力の機能を保持しつつも、生物学的現象のほとんどを物理-化学的プロセスに還元しようとしたリービッヒ・スタイルの生気論を受け入れていた」(ELKANA, 1974a, p. 111) とされている。cf. ELKANA, *ibid.*, chap IV, Physiological Background.

（8）デュ・ボア＝レーモンが引用するラプラスの『確率の哲学的試論』の議論を、ベルクソンも『創造的進化』で取り上げている。「自然を活気づけるあらゆる力とその力を構成する諸存在の各々の状態を知る絶対的知性が、これらの所与を分析するのに十分に広大であるならば……その知性にとって何一つ不確かなものはなく、その目にとっては過去も未来も同様に現在となるだろう」(EC 38, DU BOIS-REYMOND 107)

て、『試論』の時代背景には、エネルギー保存則と決定論が強く結びつけられて議論されていたといえるだろう。(9)

さて、もう一つここで注意せねばならないのは、デュ・ボア＝レーモンは生理学的現象について決定論をとるとしても、精神に関しては不可知論をとるということである。(10) それというのも、エネルギー保存則によれば、脳の状態を完全に知ることができたとしても、機械的原因は残らず機械的結果に変わり、そこから精神現象は何も帰結されないからである。すなわち身体は完全に決定されていても、ここから心理的決定論を導くことはできないことになる。ここでは、このような立場を、生理学的決定論と仮に呼ぶことにする。ただし、ベルクソンが『試論』第三章で反論するのは、このタイプの決定論ではなく、それよりもさらに拡張的な心的領域での決定論、すなわち、心理学的決定論に彼は狙いを定めている。ではこの決定論に関して、力やエネルギーの概念がどう関わるのか、それらの概念を扱う自然に関する二つの形而上学――『試論』第三章で取り上げられる機械論と力動論――を見ていくことにしよう。

二．二種類の力

力という概念は科学的に頻繁に用いられるにもかかわらず、その本性に関する議論は形而上学的であるとして、しばしば批判が行われてきた。現象の記述に関しては力概念を用いても、その本性に関する問いを禁じたコントの実証哲学は、その代表だといえるだろう。このことに関していえば、『試論』の議論も、力に関する形而上学的な二つの仮説を念頭におきつつも、そのうちどちらを明確に支持するわけではない。その二つの説とは、『試論』第三章の冒頭で示される、機械論（mécanisme）と力動論（dynamisme）である。この物質に関する二つの形而上学的システムは、『試論』以前の『講義集』から『創造的進化』に至るまで、ベルクソン哲学の底流をなし、様々なテーマに即してその都度、形を変えて現われる。(11) それゆえこの二つの体系を把握することは、ベルクソン哲学と科学の関係を理解するためにも非常に重要である。まず、『試論』第三章の冒頭の議論を見てみよう。

力動論は、意識によって与えられる、意志的な活動性（activité volontaire）の観念から出発し、この観念を少しずつ空虚にすることで惰性の表象にたどりつく。それゆえ、力動論は容易に、一方には自由な力（une force libre）を、他方

(9) ところでエルンスト・カッシーラーは、この普遍的決定論がそもそもラプラス自身にとってさえ、「機知に富んだメタファー（geistreiche Metapher）以上のものではほとんどなかった」（CASSIRER 135）と述べ、長い忘却から（決定論的世界像という）メタファーを蘇らせ、認識論上の普遍的な原理として据えたのは、実はデュ・ボア＝レーモンその人であるとしている。ただし、この点に関して、ハッキングは『偶然を飼いならす』第十八章のなかでカッシーラーの説は誇張があるとし、いくつかの留保をもうけている。cf. 伊藤邦武『宇宙を哲学する』（哲学塾）、「第6日　決定論の崩壊」、岩波書店、二〇〇七年。

(10) 「この〔エネルギー保存の〕法則の想定する以上のことも、以下のことも物質界には起こりえない。すなわち機械的原因はすべて機械的結果にかかわるのである。……精神的事象は因果法則の外に立つのであり、それは永久機関（*Mobile perpetuum*）を理解できないのと同様なのである。」（DU BOIS-REYMOND 122–123）

(11) この二つの体系は『講義録I』では、形而上学のシステムとして、『試論』では自由の問題として、『講義録II』や『物質と記憶』第四章では時間・空間論 cf. MM 237 として、『創造的進化』第一章では機械論と目的論（finalisme）の対立にも姿を変えて、生物の進化の問題として現われる。ベルクソンは常に、この二つのシステムのどちらかを一方を支持するのではなく、双方ともに極端な体系を退け、その間を進もうとする。「いかにして我々はこれらの二つのシステムを組み合わせるべきか。」（Cours II 436）ということが問題になるのである。この二つの体系に関しては『講義録II』の「形而上学三講」に最もよくまとまった説明がある（とりわけ cf. Cours II 423–438）。周知のように、ベルクソンは最終的に、『創造的進化』第一章で、徹底的な目的論を退けつつも、自らの生命の哲学が「機械論よりは目的論に近い」（EC 50）ものとして示すに至る。

には法則に支配された物質を考える。しかし機械論は反対のあゆみをたどる。機械論は自らが総合する物質を必然的法則によって支配されていると想定し、段々豊かになる組み合わせ、段々困難になる予見、一見段々増大する偶然性に到達するとしても、最初に閉じこもった必然性の狭い枠を出ることはない。(DI 105)

同様に、この『試論』より前の時期の『ベルクソン講義録I』「形而上学講義」では、「機械論者が物質を完全に受動的で惰性的な（d'entièrement passif et d'inertie）ものにしてしまうのに対して、力動論者は物質を本質的には能動的な力（essentiellement de la force active）として捉える。」（Cours I 335）といわれ、この二つのシステムの違いを、力概念に関する捉え方の違いとしてまとめることができるだろう。[12] まず機械論は、受動的な慣性として物質（原子や延長）をおき、力よりも幾何学的な延長や運動に物質の本性をおく。これに対し、力動論は、はじめに想定した能動的で自由な力あるいはエネルギーの度合いを段々狭めていくことで、物質に到達し、これは動的な状態の変化という非延長的なものを本質におくことになる。では、この二つの力の概念に関する考え方は、どのように決定論と結びつくのだろうか。そのためには、この力の概念と因果性の概念との結びつきを見てみれば、より理解しやすくなると思われる。実際に因果関係とは、原因―結果間の関係であり、結果を生み出す原因を力として考えるときに、両者の概念は親密なものになるからである。

さて、ベルクソンは、『試論』第三章の後半で、この二つの力概念にそれぞれ対応する因果関係を分析している。まず、機械論は物質が必然的な法則に支配されていると想定していたことからも分かるように、機械論的な力が展開するのは必然的な因果関係である。[13] この場合、ベルクソンは二つの帰結を述べている。一つは、「同一律は我々の意識の絶対的法則」（DI 156）であり、因果関係の必然性は、未来を現在にではなく、現在を現在に繋ぐところに成立することになる、という帰結である。さらにもう一つの帰結は、現象間の見かけの因果関係は、絶対者のなかでの同一性の関係に帰着させられ、因果性が同一性に近づけられて必然的になると同時に、持続が消去されるというものである。(14)ベルクソンによれば前者がルネ・デカルト、後者がベネディクトゥス・デ・スピノザの自然に関する考えである。(15)このように、この必然的因果性の考えは、数学や我々のようには持続しない事物に親近性をもつとされる。

では、もう一方の力動論的な力はどのような因果関係を展開するのであろうか。これは、力動論が意識の活動性から出発していたことからも予想されるように、その因果関係は、心理的事象や表象に親近性をもつとされる。(16)この第二の因果関係の特徴は、機械論的な因果性とは反対に、まずそれが必然的な関係ではないと

(12) このような二種類の力を、機械論と力動論の対立としてではなく、ライプニッツ哲学内で区別される諸力(例えばエンテレケイアと活力のように)に対応させることもできるだろう。ベルクソン哲学とライプニッツの力概念を考察もしたものとしては、cf. 田島 三—六。これについてジャンケレヴィッチは「かくして、第一の意味では、惰性の観念は自発性の観念より「単純」である、といわれるだろう。スペンサー風の機械論に立つなら等質的なものは異質的なものより、抽象的なものは具体的なものより、「古くからある」のと同じことなのである。しかし力動論に立つとき、第二の意味で自発性のほうがより単純である、といわれるだろう。」(HB 16–17) と述べている。

(13) ベルクソンはこの機械論的な因果関係を徹底した一例として、ウィリアム・トムソンのヴォルテックスを挙げている。それによると、まず継起する物理的現象から「色、熱、抵抗、重さ」(DI 154) といった性質を剥ぎ取ることになり、次に残った形さえも運動の抽象的な公式に置きかえられ、「自然現象の具体的な実在が代数的な煙へ蒸発する」(DI 156) とされる。

(14) 「曲線が漸近線に近づくように、因果関係が無際限に同一関係に近づくという意味によって、因果関係は必然的関係といえるのである。」(DI 156)

(15) 「デカルトはこのことをよく理解していたので、物理世界の規則性を絶えず新たにされる摂理の恩寵に帰した」のであり、「スピノザは、我々に対しては時間のなかでは継起の形式を取る現象の系列が、絶対者のなかでは神の単一性に等しいと主張した」(DI 156) とされている。

(16) 「外的性質や現象の継起を、我々自身の観念の継起と同様に理解するならば、これらの性質を単純な状態または知覚とし、それらを支える物質を、我々の魂に類似した広がりのないモナドとしなければならない。」(DI 160)

いうことである。ベルクソンは、この場合、結果が原因の内にあるのは、「純粋に可能な状態でしかなく」(DI 159)、また「自然現象のうちにまで偶然性をおく(mettre la contingence jusque dans les phénomènes de la nature)までにいたるだろう」(DI 162)と述べる。(このような偶然的な因果関係は、ベルクソンと科学の関係という観点からすると、注目すべき論点であり、本論文の第五章で論じることにする。)また、この力動論の因果関係のもう一つの特徴とは、「この因果の力動的な考えは、それがどんな性質であるにせよ、事物に我々の持続とまったく似た持続を与える」(DI 161)と述べられるように、それが持続のなかで展開されるということである。そして第二の因果関係の考えはゴットフリート・ライプニッツの説に帰着するとされる。

したがって、以上を整理すると、機械論—受動的慣性としての物質—必然、力動論—能動的力としての物質—自由というように図式化できると思われる。そして、後者の考えはライプニッツに帰されることからも分かるようにエネルギー保存則の成立で掘り崩された、有機的な世界観に親和性をもつ。では、ベルクソンは、力動論の仮説を擁護し、機械論を対立仮説として批判するのであろうか。しかし、そうではないことに注意しなくてはならない。我々が本章のはじめに述べたように、ベルクソンは機械論と力動論のうちのどちらかが正しいと主張するわけではない。それというのも力動論と機械論の「二つの仮定はそれぞれ離して捉えれば、人間的自由を守る」(DI 162)からである。自由な力から出発する力動論がそのことに当てはまるのは自明であるように思われるが、ベルクソンによると、迂回的な理由ではあるが、機械論もまた事物が我々のように持続しないことを強調することで、逆に「持続する自我を自由な力とするように我々をいざなう」(DI 162)からである。(17)

しかし、機械論と力動論がともに自由を主張するならば、一体どこから決定論が成立するのか、という問題が残ることになる。これに対するベルクソンの答えは、二種類の力の概念やそれに対応する因果関係は、別々では自由も守るものの、それらが混同されるときに決定論の基盤が生じるというものである。(18)

ベルクソンは、エネルギー保存則による決定論的な因果関係が物理的現象にとどまらず、心理的事象に無制限に適用されたり、逆に観念連合主義が心理的事象を説明する際に、物理的な現象に関する決定論に訴えたりすることで、心理学的決定論が生じるとしている。このようにして、心理学的決定論は、エネルギー保存則や必然的な因果関係を、物理現象から精神現象まであらゆる現象に適用する普遍的決定論に至り、その背後には機械論という形而上学が控えていることになる。つまり、決定論は機械論の濫用から、機械論を無制限に拡大し、とりわけ精神現象に適用することから生じるのである（ただし、力動論も決定論とまったく無縁というわけではない[19]）。したがって、『試論』では、まず二つの力や因果関係[20]といった概念をきちんと識別し、物質界ではエネルギー保存則の成立を認めつつも、精神の領域では自由を確保する、という戦略をとっていると考えられる。そして、形而上学だけではなく経験的な領域で、エネルギー保存則に基づいた新しいタイプの決定論を哲学的に吟味することは、科学と自由の対立という当時としては非常にアクチュアルな問題だったのである。た

(17) ベルクソンは、事物は我々のようには持続しないが、また一挙に展開されることもないので、機械論の明晰で精密な説明によって、因果関係が同一関係に無際限に近づくにもかかわらず、両者が一致するように我々には思われないだろう、と述べている。

(18) 例えば二つの力の概念に関しては、「一方では我々は力を意識の証言のみによって知る」(DI 163) のであり、力の観念は必然的決定を排除する自由な自発性として捉えられる。そして「他方ではこの力の観念は、自然のなかに移され……必然性の観念に浸されて戻ってくる」(DI 163) とされ、機械論的力が生じるが、この惰性的な力が再び意識のなかに戻されると、決定論の土壌となる混同が生じるとされる。

(19) 『試論』では、力動論と結びついたライプニッツの決定論にも触れられている。この立場は本論第五章で扱う目的々決定論に相当するだろう。「ライプニッツの決定論はモナドの考え方から由来するのではない……実体相互のあらゆる機械論的影響を否定することで、彼はどのようにそれらの状態が対応するかを説明しなければならなかった。したがって、因果関係の動的な考え方のなかにではなく、予定調和を認める必然性のなかに、決定論は自らの起源をもつのである。」(DI 161)

(20) 一九〇〇年の講義「因果性への我々の確信の心理学的起源についてのノート」(M 419–428) では、『試論』の力動的な因果性と必然的な因果性への確信がいかにして生じるのか、という問題が再び扱われている。簡潔にいえば、前者の起源は自我の動的な能動性、後者の起源は身体（神経組織）が形成する習慣である。

だし、『試論』で主に批判の対象とされているのは、デュ・ボア＝レーモンの生理学的決定論よりも強い、脳の状態に対応する意識の状態も計算可能とするタイプの決定論、すなわち心理学的決定論ということはもう一度ここで確認しておくことにしよう。では、この点に関して、我々は、さらに『試論』の力のもう一つの側面を明らかにするため、今度は当時の心理学で力の概念がどのように論じられていたかを探ることにしたい。そうすることで、なぜベルクソンが『試論』のなかで、デュ・ボア＝レーモンの生理学的決定論に対して、それを明確に否定することはせず、態度を保留したのか[21]という一つの要因が明らかになるだろう。

三　努力の感じと力の概念

第一節では当時の物理学的背景を見たが、本節では力概念に関する当時の心理学的背景を概観したい。ここでは、『試論』でも参照されているジェイムズの「努力の感じ（The Feeling of Effort）」という論文[22]の議論とベルクソンの力の概念を比較しておきたい[23]。それというのも、のちに説明するように、この論文が力の概念の歴史的背景を考察する点で、当時は非常に重要な存在であったからである。

さて、「努力の感じ」の論題は、努力にしばしば関連づけられて論じられる筋肉感覚が、遠心性の（efferent）感覚か、求心性（afferent）の感覚のどちらであるのかというものである。ジェイムズは遠心性の説を批判するが、その説は、我々が意志をもつと、それが力（努力）として意識され、その力が遠心性の神経を通して伝わり、その刺激が筋肉の力―感覚として現われるという理論（will-muscle-force-sense theory）である。ジェイムズは、このような説が、実際にはミュラーに始まり、アレクサンダー・ベイン、ヴィルヘルム・ヴントなどによって広まったと説明しているが、さらにその先駆者としてメーヌ・ド・ビランの名を挙げている。[24]

これに対して、ジェイムズは、心理学や生理学の実験から、我々が筋肉に関して努力の感じをもつのは、筋肉の緊張や収縮を伴う動作が求心性の神経を刺激し、そこから感覚が由来するためであるという求心性の説を示すのである。したがって、この場合、求心性の神経に刺激があるときのみ、我々は筋肉に努力の感じをもつことができるということになる。ここからさらにジェイムズは、その背景にある様々な哲学的議論へと進むのであるが、以下ではその議論の要点のみを整理して示すことにしたい。

まず、①筋肉感覚は求心的な神経経路から生じるので、②遠心性の神経刺激の感覚といったものは存在しないということになる。そうすると、心から筋肉へと遠心的に流れて動作を起こす力のようなものは、疑わし

---

(21) 『試論』ではそれぞれ力動論と機械論に基づく二つのタイプの自由を認めており、力動論では物質や身体のレベルに偶然性が認められることになるが、機械論では非決定性が認められるのは意識だけであり、身体は厳密に機械的決定論に従うことになる。いわば、力動論はデュ・ボア=レーモンの生理学的決定論を否定することになるが、機械論は肯定することになる。したがって、この二つの自由の差異は決して小さいものではない。

(22) ベルクソンは、ジェイムズ宛書簡などで「私が『試論』を書いたとき、『努力』についてのあなたの論文しか知りませんでした」(M 580) と述べている。その意図は、持続の概念が成立する際に、ジェイムズに影響を直接的には受けていないことを表明することにあるのだが (他には、cf. M 656–658.)、力の概念に限っていえば、ベルクソンは、多少なりともジェイムズの議論を念頭に置いている。

(23) ジャンケレヴィッチは、「感情の強度の問題を検討する際に、ベルクソンが何らためらうことなくウィリアム・ジェイムズと同じ努力の求心的理論を採用し、すでに見たように回顧的錯覚にとらわれている私たちの常識に根をもつイデオロギー的な因果性を転倒させたことは大いに注目に値する。」(HB 83) と述べている。

(24) ジェイムズは、ベインやヴントたちとメーヌ・ド・ビランをまったく同じ立場と見なすわけではない。その最も大きな違いは、ビランが筋肉の感覚を遠心性とはみなさなかったことである。しかしジェイムズは、ビランが意志による努力に対する抵抗として筋肉感覚を見なすときに、その抵抗を筋肉感覚だけに限ったことを批判し、他の諸感覚も同様に抵抗になりえると論じている。「確かにメーヌ・ド・ビランは、その後継者たちのように、筋肉の抵抗を遠心性の感覚としたのではなかったけれども、彼はこの抵抗する項を筋肉と見なした。」(JAMES, 1983 p. 102, n. 22)

い存在になるので、③力の感覚を、意志と筋肉の収縮の間に置いて、内的な世界と外的な世界（inner and outer worlds）を結びつけることはできない。そうとはいえ、ジェイムズはすべての感覚を神経刺激に還元することはせず、④力すなわち努力は、筋肉的な努力（muscular effort）と精神的な努力（mental effort）の二つに識別しなければならないとする。[25] ⑤この精神的な努力は、身体や外界へ力を放出する経路をもたないので、内的な世界のなかでのみ発揮される。それは、複数の観念から一つを選択する能力であり、選んだ観念に実在の感覚（sense of reality）を与えて存続させる力である。[26] ⑥この努力が偶然であるか、前もって決定されているかによって、自由が実在するか、しないかが決まる。[27]（ジェイムズはこの問題は未解決であり、性急に解決する必要はないとしつつも、自らは自由の立場をとると表明している。）

以上のようにジェイムズは、筋肉感覚が求心性であるという主張から、自由意志に至るまで様々なことを論じるのであるが、力に関して整理すれば、次のようにまとめられるだろう。つまり、心から筋肉に流れる、あるいは外界と内界をつなぐような力は存在せず、筋肉的努力と精神的努力を識別すべきであり、精神的努力は内的な世界のなかに限定されねばならないのである。

ところで、ここでジェイムズが批判する議論は、心理学の力の概念にとどまるだけではなく、実は力学の力概念の内実や根拠を与える議論としても、当時広く受け入れられていたのである。実際に、スペンサーの『第一原理』にも、数箇所でこの理論に物理理論の基礎を置いているのが見られる。[28] マックス・ヤンマーは『力の概念』のなかで、そのような力学の力概念の内実や根拠を与える心理学や生理学の議論に対して、上記のジェイムズの論文が破壊的だったことを述べている（cf. JAMMER 230–236）。[29] ジェイムズのこの論文が重要な存在であるのはこのような理由があり、したがって、またこの論文は『試論』の背景を照らす助けになると思われる。

それでは、ベルクソンの力に関する思考と、このジェイムズの議論が、どのように関わるのかを見ていくことにしよう。『試論』第一章で、ベルクソンは、ジェイムズの「努力の感じ」が参照される箇所で、筋肉感覚が遠心的か求心的かという問題に対しては、態度決定を保留しつつも、心のなかに場所は占めないにもかかわらず、大きさをもつとされる強度量を批判するという立場から、心のなかにある力が身体に流れるという説を批判している。

心的な力は、あたかもアイオロスの洞窟のなかの風のように、魂のなかに閉じ込められており、外に飛び出す機会

(25)「意志を行使することと、やわらかい筋肉をかたくすることとは一つのことではなく、まったく異なった二つのことである。」(*ibid.*, 115)

(26)「後者の立場〔決定論〕が正しければ、本当の自発性も、決定の曖昧な能力も、信じることも行為することのいずれも、真の自由も存在しない。一方の観念にやってきて補強するように見える努力は、実在の感じを与えることで、闘技場にいる諸観念に自ら付け加わる新たな力とはなりえない。」(*ibid.*, 118) ジェイムズが、この論文のなかで自由の立場に立つことを示していることを考慮に入れれば、この引用文の反対のことが暗黙のうちに想定されていると思われる。

(27)「努力の感じ」のジェイムズの立場は、最終的にはライプニッツ的な心身平行論に帰着するように思われる。「観念が現実化されるとき、対応する神経経路は変化するはずであり、また同様にして段々筋肉も収縮するということは、内的世界と外的世界の数ある調和のうちの一つであり、その調和を前にして我々の理性はただ自らの無力を認めることができるのみである。」(*ibid.*, 123)

(28)「心理学的な観点からいうと、物質は、あらゆる性質に関して、それが我々のうちに生み出す感覚の不可知な原因である。それらの性質うちの一つは、すべて他の性質がないときにも残っているが、それは我々の努力 (our efforts) に対する抵抗である —— その抵抗を、我々は、それが抗する筋肉の力 (muscular force) に等価なものとしてシンボル化せねばならない。一片の物質を想像するときでも我々はこのシンボルを無視すべきではない。このシンボルによってのみ、それは思考のうちに現実存在として描くことができるのだから。この概念を抜き去っても —— 空虚な空間と識別するための思考の要素が奪われても ——、現実存在の概念は残っているかのように語ってはならない。考えられている一片の物質から、我々の主観的な努力の感覚に対する客観的相関を剥奪すれば、物理的概念の全体系は消滅する。」(SPENCER, 1862, p. 167 note)

(29) ここで、ヤンマーの著書は、メーヌ・ド・ビラン、ジェイムズをめぐる心理学的な力の概念と、力学の力の概念の関係に関する歴史的な流れを簡潔にまとめている。また、本章で扱う力動論に関しても、第九章でその流れがたどられている。スペンサーに関してもその第九章を参照せよ。

を窺っているように思われる。意志がこの力を見張っていて、時折、出口を開けて、望む結果にその流れをつり合わせるようにするのである。努力に関するこの非常に雑な考えは、よく反省してみれば、強度量への我々の信仰の大きな部分をなしているのである。（DI 14）

このように、『試論』では、第一に自我の力の概念が外的世界に向かうのではない[30]という点と、その自我の力が内的世界にとどまり、内的生の流れから切り離される[31]ような原因ではなく、力が流れの動性と一体化するようなものとして考えられているという点で、ジェイムズの論文の力の概念と軌を一にしているといえるだろう。

ところで、我々は、前節の終わりに、ベルクソンがなぜ機械論と力動論をともに認めつつ、生理学的決定論を退けなかったのかという問いを立てていた。我々は、以上のような考察から、その要因の一つを見ることができるだろう。それは、ベルクソンが心から筋肉へと流れるような力を放棄する方向に進んだ場合、身体の自由や非決定性を実現するために、心的な力のようなものを想定し、それを何らかの方法で身体に流入させることはひとまず留保しなければならなくなるからである。実際に、『物質と記憶』第四章で、再び運動の原因や本性（相対か絶対か）を問題にせねばならないとき、ベルクソンはまたこのジェイムズの説を念頭に置くことになるだろう[32]。したがって、以上のような力の概念に関する心理学および力学的な背景が、『試論』では生理学的決定論を保留する一つの要因となったと考えられるのである。

四．エネルギー保存則と系の可逆性

さて、本章第二節では、二種類の力や因果関係を識別することで、決定論があてはまる物質の世界と、それがあてはまらない心的持続の世界が切り分けられるのを見た。そして、前節では、ジェイムズが論文「努力の感じ」で努力を筋肉的努力と精神的努力に分けて両者の関係を絶ったように、さらに心理学の見地からこの二元論的立場が補強されるのを見た。しかし、物質と精神が区別されたとしても、なぜ後者の心理学的領域には必然的な保存則が成立せず、自由が可能になるといえるのだろうか。このことを突き詰めることで、さらに『試論』の力の特徴を明らかにしたい。

(30) このような力の批判は、『試論』以後のアンリ四世校の「心理学講義」でも引き続き見出される。ここでベルクソンは、ジェイムズの論文でも取り上げられていたメーヌ・ド・ビランに対して一定の評価を与えつつも、力である自我が、筋肉の努力を対立項として捉えられるというビランの主張を退けている。「意識が力という形で、あるいはまた、外的諸力への抵抗として知るような純粋に強度的な自我 (moi purement intensif) という思想は放棄すべきだと思われる。」(Cours II 300)

(31) ビランやその後継者は、我々の意識は外的諸力に対立する一つの力に直接的に到達し、その力こそ自我そのものとするのだが、内的生の流れから絶対的に区別される存在を直観することは不可能だとベルクソンは考える。「しかし、流れるものから、こういってもよいのなら、内的生の流れから、絶対的に切り離される一つの存在の直観を我々は決してもたない。メーヌ・ド・ビラン及びその後継の心理学者たちの考えこそ、我々の意識は直接に外的力に抵抗し、対立できる一つの力に到達できるというものである。この力は自我そのもの、緊張状態にある自我のようなものであって、メーヌ・ド・ビランによれば、我々はこの力を筋肉努力の現象のなかでありのままに捉えることができるのである。」(Cours II 300)

(32) 「したがって、言葉の形而上学的意味に頼って、空間のうちで認識される運動を、努力の感じのなかに我々の意識が把握すると考えるようなものにも似た深い原因で補強しなければならなくなるだろう。しかし努力の感じは深い原因の感情なのか。最近の分析は、この感情のなかには身体の抹消ですでに行われるか開始される運動の意識にすぎないことを示さなかっただろうか。」(cf. MM 218)

まずベルクソンは、物質の何かが保存されるという信念は、「惰性的な物質が持続しているように見えず、少なくとも流れた時間のいかなる痕跡も保存しない」(DI 115) ことから由来すると述べる。そして保存則を適用できる条件を次のように述べる。

さらに、エネルギー保存則は、動くことのできる点がそれぞれの最初の位置に復帰できる (revenir à leur position première) ような体系でのみ理解できる、ということにも注目しよう。少なくともこの復帰は可能だと考えられ、この条件のもとでは系全体もその要素的諸部分も最初の状態とは何一つ変わらないことが認められるだろう。要するに、時間はこの系に手がかりをもたないのである。(*ibid.*)

このことは、すなわち系が可逆的であることだということである。時間の痕跡を残さないという点は、第二節で見た、現在に現在をつなぐ機械論の特徴であるといえるだろう。つまり、瞬間的現在を互いに独立させて保持し、それらを等号で結ぶ可逆性が、機械論的決定論の特徴なのである。

そして、これに対しベルクソンは、この可逆性という機械論的決定論の条件が、生物や意識的事象に適応できるかどうかを吟味する。この可逆性と非可逆性の問題は、本論第四章で扱うエントロピー概念にも関係することなので、少し長くなるが、引用することにする。

しかしながら生命の領域では事情は同じではない。ここでは持続は原因のような仕方 (la manière d'une cause) で作用し、いくばくかの時間の後に、事物を元に戻すということは一種の不条理を含む。というのも、そのような後戻りは決して生物では行われないからだ。しかしながら、不条理は純粋に見かけ上のもので、生体内で起こる物理-化学現象が、無限に複雑であるので、すべてが一度に繰り返されるチャンスはないことに由来することを認めよう。

しかし、意識的事象の領域では、逆戻りの仮説（l'hypothèse d'un retour en arrière）が理解できなくなることは認められるだろう。ある感覚は長引くということだけで耐えがたくなるまで変化する。ここでは同じものは同じものにとどまらず、その過去全体に補強され、増幅されるのである。要するに、力学が理解するような質点は永遠の現在にとどまっているが、過去は生体にとってはおそらく（peut-être）、意識にとっては確実に（à coup sûr）、一つの実在である。（DI 115-116）

ここで、行われる有機体と心理的事象の区別は興味深いものである。生体あるいは有機体の領域でも、確かに老人が若返って子供になったり、蝶が芋虫になったりすることは見られない。しかしながら、ここの議論では、生体や有機体が物理-化学現象の複雑さという空間の観点から考察され、そのような後戻りが見られないのは、確率の少なさの問題にされている。したがって、ここでも本章で見てきた機械論への譲歩が見られるだろう。有機体は質点と違って永遠の現在をさまよう、とまではされないものの、過去の実在にかんしては、「おそらく」という留保つきである。

これに対して、意識に関しては、機械論的決定論の条件は即座に拒否されている。ここでは、原因は結果を生み出して過去となっても消滅せず、現在の結果のなかに存続するため、結果は絶えず非可逆的に増大し、原因と結果が等しくなるような可逆性の条件を満たさないのである。[33] ここで力の概念は、独立する現在的瞬間を保持する力ではなく、能動的な精神が過去を現在へ流入させる力となるのである。[34]

(33) 一九〇〇年の講義「因果性に関するノート」では、心理的事象に親近性をもつ因果関係の特徴は、自我が原因と結果の間に入り、原因を結果のなかまで延長させることとされている。ベルクソンは「原因は働きかける力であり、自ら産出する結果に現存し、結果と同時（contemporain）である」（M 426）と述べている。

(34) おそらくこの点に、ジェイムズとベルクソンの違いも存在すると思われる。ジェイムズの場合は、前と後の瞬間の移行が連続的であるそして、ベルクソンはこの意識の非可逆性を可逆的な機械論的決定論がもたらす必然性を逃れる力動的な力として、自由と結びつけ、次のように述べている。「時間の作用に従い、持続を蓄えるという、まさにそのことによって、エネルギー保存則から逃れる意識的な力や自由意志についての仮説（l'hypothèse d'une force consciente ou volonté libre, qui, soumise à l'action du temps et emmagasinant la durée, échapperait par là même à la loi de conservation de l'énergie）に有利な推定を引き合いに出せないだろうか。」（DI 116）

ここで「意識的な力や自由意志についての仮説」とあることに着目したい。そして、これに対立する仮説が、一つ前の引用に含まれる「逆戻りの仮説（l'hypothèse d'un retour en arrière）」（DI 115）であり、心理的現象を観察してみれば、過去への逆戻りどころか、過去が現在に不断に流入する心理的持続が観察・経験され、自由意志の仮説が検証されるという議論構造になっている。言い換えれば、この心理的持続の現われが自由意志の仮説を検証しているのであり、かえってその自由を定義しようとして、持続を等質的空間や言語で表現しようとすること自体に心理学的決定論の源があるとベルクソンは論じるのである。ここに『試論』の議論の根本的構造があり、したがって、ベルクソンは『試論』第三章の結論部に述べられるように、この心理的現象をまさにそれが我々に現われるままに、留保することなく肯定するように求めるのである。

ところで、自由行為は流れる時間のなかで生み出され、流れた時間のなかで生み出されるのではない。したがって自由は一つの事実であり、確認される事実のなかでこれ以上明晰なものはない。問題のあらゆる困難と問題そのものは、持続に延長と同様の属性を見出そうとしたり、継起を同時性に翻訳しようとしたり、自由の観念をそれが明晰に翻訳可能な言語のなかに表現しようとすることから生まれる。（DI 166）

それでは最後に、『試論』の力の概念に関する特徴を述べて、論を結びたい。第一に、それは相互浸透の力、とりわけ過去を現在に浸透させる力である（非可逆性）。第二に、この力は力動論に見たように自由あるいは偶然な力とされ、必然的な因果関係の適用を拒絶する（偶然としての様相）。第三に、心理的な力概念と物質的、生理的な力の概念は区別され、両者の混同は批判される。[35] そしてこれらの力概念の性質は、「時間の作用に従い、持続を蓄えるという……意識的な力や自由意志についての仮説」（DI 116）と述べられるように、持続概念の性質のなかに埋め込まれるのである。メーヌ・ド・ビランの力の概念と比べたとき、持続概念と一体化した力の概念の独自性が理解されるだろう。

さて、我々は本章で、意識や心的事象のなかには持続によって自由が見出されることを見てきたが、デュ・ボア＝レーモンの生理学的決定論に関しては、問題は未解決なまま残されていることを見た。すなわち、意識の自由が身体や有機体にどのように作用し、生理学のレベルで非決定性や自由はどのように考えられるのか、という問題が残っているのである。これに関しては、『試論』の次の主要著作である『物質と記憶』のメインテーマに位置づけられることになるだろう。そして、有機体や身体の非決定性に関してベルクソンが注目するのは、神経系の働きであり、この点に関してもまた、当時の実証科学との対話が欠かすことのできないものとなるのである。

---

(35) 『試論』では、能動的な力が、精神から外界へ投射されることで、必然性を帯びることが批判されている。『物質と記憶』の形而上学的立場からすると、緊張の度合いが二つの力を結びつけると考えることもできるだろう。それに対して「因果性ノート」では、二つの力は意識の能動性と身体の習慣という別々の起源から説明されている。

ということは述べるが、後の瞬間が前の瞬間を含み、不断に増大していくことに関しては強調していないと思われるからである。この点に関しては、チャペックによるジェイムズの意識の流れとベルクソンの持続の比較論考を参照のこと。(cf. ČAPEK, 1971, p. 159)

第三章　神経系（ニューロン）概念と心身問題

はじめに

本章で扱われるのは、第二章で確保された心理的領域の自由が身体や有機体にどのように作用するのかという心身問題であり、身体や有機体の非決定性の概念である。そして、ベルクソンは、その非決定性を指し示すために、しばしば、計算不可能な、あるいは、計測不可能なエネルギーという迷めいた概念をもちだし、このエネルギーを身体、とりわけ神経系と関連づけている。そして、神経系の研究には、当時の実証科学の知見が用いられ、再びそこで、連続性と非連続性の対立仮説が見出されることになるだろう。

ところで、我々は、前章でクーンの論文を参照し、エネルギー概念と測定の操作が深く関わっていることを見たが、これらの量や測定に関していえば、十九世紀前半から社会現象となっていた「自己目的と化した測定への大いなる熱狂」(HACKING 62)があり、このような数量化の手法は社会統計学だけではなく、物理学など様々な領域に及んでいたということはもう一度確認しておきたい。ベルクソンはデュエムなどの測定の方法論[1]を知悉しており、測定操作を確定することでエネルギーが定義されるのを知っていたはずであるから、計測不可能なエネルギーというのは、定義矛盾であることも分かっていたように思われる。それでもあえて、このような概念をもちだしたのは、時代潮流となっていた過激な計量化、数値化の手法に対して、賛否両論の対立が激化していた[2]という背景を確認しておく必要があるだろう。本章では、このような背景(とりわけ生理学や神経現象研究の哲学的、科学的コンテクスト)を踏まえつつ、神経系の非決定性(計算不可能あるいは計測不可能なエネルギー)という概念を説き明かすことを目的としたい。

一・『試論』と計算不可能なエネルギー

「計算に適さないエネルギー」という概念は、比較的早くからベルクソン哲学に登場している。例えば、『試論』第三章には、次のような文章が見られる。

エネルギー保存則は、その現在の形式のもとでは、熱の力学理論(la théorie mécanique de la chaleur)が構築されて以降、物理-化学現象の全範囲に適用できるように見える。しかしながら、一般には生理学の現象の研究が、とりわけ神経現象の研究が、ライプニッツのいう活力や運動エネルギーと、後からそれに付け加えられねばならなかったポテンシャル・エネルギーのほかに、もはや計算に適しないという点でこの二つのエネルギーと区別される新しい種類の何らかのエネルギー(quelque énergie d'un genre nouveau, qui se distingue des deux autres en ce qu'elle ne se prête plus au calcul)

を我々に明らかにしないだろうと告げるものは何もない。(DI 114)

ところで、この「計算に適さない」はどのような意味でいわれているのだろうか。すぐ、思い浮かべられるのは、『試論』第一章では質そのものである感覚や感情が計測不可能とされ、同じく第二章では持続や動性(mobilité)が計測不可能とされていることである。それでは、このような持続に代表される計測不可能性は、このエネルギーの「計算に適さない」という性質と同一視できるだろうか。ここで持続や質の計測不可能性をもう一度確認してみたい。

私はそれら〔現在の振り子の振動の像とその記憶〕が互いのなかに含まれて、メロディーの音符のように互いに浸透し、有機化するのを覚知するだろう。こうして我々は判明に区別されない、あるいは質的な多数性(une multiplicité indistincte ou qualitative)と呼ぶものを形成し、それは数とは少しも類似性をもたないだろう。このようにして、私は純粋持続の像を得るだろうが、同様に私は全的に等質的な環境の、あるいは計測可能な量の観念(l'idée d'un milieu homogène ou d'une quantité mesurable)から解放されるだろう。(DI 78)

(1) 物理学者W・トムソンが幾度となく繰り返した「あなたがそれを数値で表すことができないならば、あなたの知識は貧弱で不十分である」という言葉は、十九世紀末には格言となり、広く行きわたっていた。シカゴ大学の社会科学研究棟に掲げられている有名なW・トムソンの格言は、「もしあなたが測定できないならば、あなたの知識は貧弱で不十分である」であるが、クーンはそれをW・トムソンの著作に見つけることができなかったと述べている。(cf. KUHN 178)

(2) 『偶然を飼いならす』第一七章参照。そこでは計量化とりわけ、統計学に対する反時代的な抵抗勢力が五つのグループに分けられている。科学の内部では、とりわけ生理学や医学に関するクロード・ベルナールの見解、社会科学に関するコント、科学外部では政治家のディズレイリ、文学者のトルストイ、ディケンズ、バルザック、哲学者ではニーチェなど。

この引用からも分かるように、質的多数性は数と類似性をもたないため、計算には適せず、量ではなく質であるため計測も不可能である。[3] そして、反対に計算や計測は、ここで「等質的な環境」と呼ばれているもう一方の数的多数性のなかで可能となり、そしてそれが科学、特に天文学や力学の条件[4]となるのである。このように二種類の多数性という視点から見ると、『試論』で考察される科学（力学や物理‐化学）は、まさに計測可能性の条件とよく一致し（したがって、この科学観はある意味、同時代をよく反映している）、もう一方で計測不可能な持続や質を扱うところに哲学の役割が生じる（質の数量化を拒むこちらの側面では反時代的）とまとめることができるだろう。

では、問題の神経現象の研究におけるエネルギーの計算不可能性は、質的多数性の側に位置づけてもよいのだろうか。二種類の多数性という二分法からすると、それを、持続の計算不可能性と同一視してもよさそうに見える。しかし、そのことに関しては主に二つの理由から不都合が生じると考えられる。

一つ目は、持続は本質的に空間を含まないが、生理学の研究対象である有機体や神経は延長をもつという性質の違いを考慮に入れる必要がある。前者の計測不能性は持続する意識に直接現われるものであるのに対し、生理学が明らかにするとされる計算不能性は、意識側ではなく延長を含んだ対象側に現われるという点で、両者は同一視できない。

二つ目は、質的多数性である持続は、哲学の研究対象であり、数的多数性に属する科学がどんなに進展しても基本的にそれを捉えることはできない。それに対して、問題になっている計算不可能なエネルギーの存在は、生理学という科学の一部門が進展するにつれて明らかになる可能性が示されている。

では、『試論』のなかに現われるこのエネルギーの計算不可能性は、どこに位置づけられるべきなのか。実は、この困難は、生理学が対象とする身体や有機体が『試論』の二種類の多数性という枠組みではうまく位置づけられないというより大きな問題から由来しているといえるだろう。上でも見たように、質的多数性は意識、数的多数性は物質というように、二元論的に切り分けられ、その結果、それらの中間的存在である有機体、身体、生物の位置づけは必ずしも明瞭ではない。この問題を取り扱うことが可能になるのは、心身問題を主題として扱う『物質と記憶』をまたねばならない。

二. 神経現象の研究史

本節で我々が神経研究に関する参考として用いるのは、『物質と記憶』第三章で引用されているシャルル・ピュパン『ニューロンとその機能の仕方に関する組織学的な仮説』という資料である。この著作は神経に関する簡潔な研究史が述べてあり、その延長線上に当時の問題をおいて、それに関する解答として仮説を提出し、最後にその仮説の適用例として睡眠に関する議論を行っている。ここでは、神経現象の研究史と神経系に関するピュパンの説を紹介する。

まず研究史に関していえば、一八三〇年代に神経細胞の研究が始まり、一八六五年に神経細胞の一般構造

(3) 本書第一章で見たように、計測不可能というよりも、計測という行為が、対象を変質させてしまうといったほうが適切だろう。「実をいえば、それ〔持続〕は量ではなく、持続を計測しようと試みるや、それは無意識のうちに空間と置き換えられてしまうのである。」(DI 79)

(4) 「科学は、本質的で質的な要素 ── 時間から持続を、運動から動性を最初に消去するという条件の下でしか、時間や運動を処理できないのである。」(DI 86) すなわち、科学がうまく行くのは、質的多数性から由来する計算や計測を撹乱し、それらを不可能にする要素を処理することによってなのである。

をオットー・ダイテルスが明らかにする。「ダイテルスはすべての神経細胞が二つの延長部分を出しており、それが枝分かれした原形質のひろがり〔樹状突起〕と髄鞘に直接つながる一本の軸索からなる延長部分であることを証明した」(PUPIN 12) のである。次に問題になるのは、ダイテルスが明らかにしたような神経細胞がどのように結びついていわゆる神経系を構成するか、ということである。これに関してはヨーゼア・フォン・ゲルラッハが一八七一年に「神経細胞は原形質の延長部分が互いに吻合し (s'anastomoser)」(*ibid.*, 12–13)、神経細胞は連続した多数の複雑で繊細な網の目を形成しているという理論を示した。しかし、一八七六年にカミロ・ゴルジは画期的な染色法を発見し、それによって「原形質と軸索の分岐をその最先端までたどることが可能になった」(*ibid.*, 18)。ゴルジはゲルラッハの樹状突起の網の目は確認できないとして退けるが、今度は軸索の分岐の錯綜によって作られる網の目があると主張した〔下図はゴルジの神経系のモデル〕。

この神経系の連続的な網状組織説よりものちに出現し、それと対立するのがニューロン説である。これらの説はサン

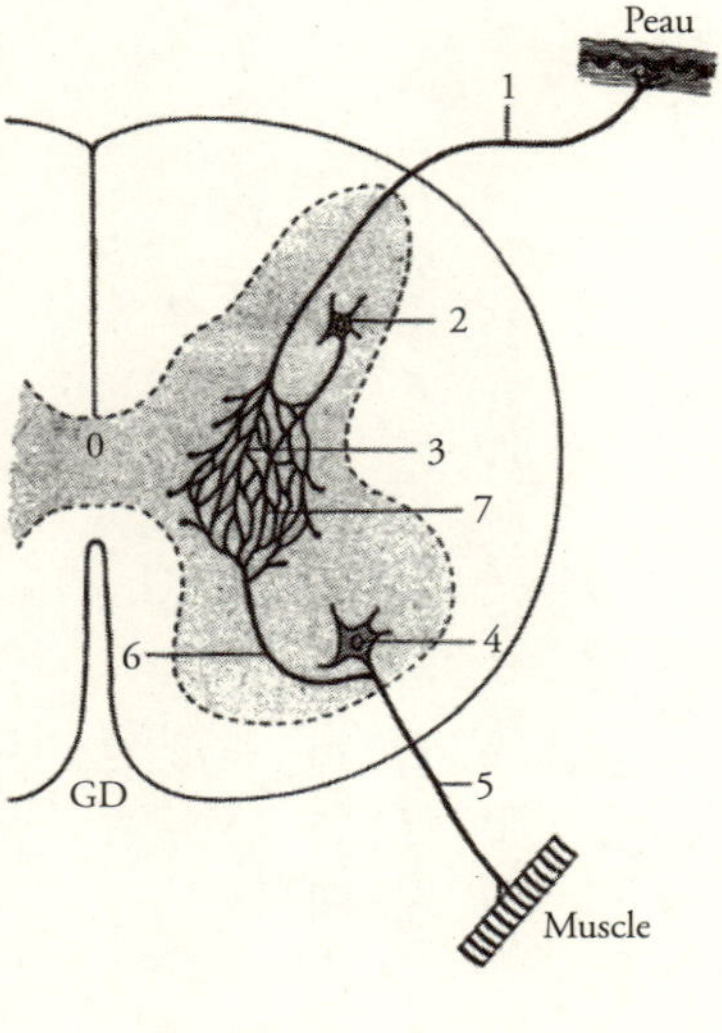

ティアゴ・ラモニ・カハールやヴィルヘルム・ヒスといった学者によって打ち立てられてきたが、ピュパンはそれを豊富な実証例を挙げながら説明する。一．軸索の分岐の先端は吻合せず、自由であり、二．同様に原形質の樹状突起の端も吻合せず、自由であり、三．神経中枢は軸索の分岐と樹状突起の交差からなるが、それらは結合した網状組織ではなく、四．神経細胞は独立した単位であるニューロンであり、神経系はこれらニューロンの単なる集合体（agrégat）にすぎず、連続ではなく隣接によってつながっている。（cf. *ibid.*, 20–27）

ここで問題になっているのは、またしても連続と非連続の問題である。『ニューロン人間』の著者ジャン＝ピエール・シャンジューは、ゴルジやゲルラッハなどの神経の連続性を強調する網状組織説（réticularisme）の背後には、全体論的、唯心論的なテーゼが垣間見えることを指摘しており、ゴルジが一九〇六年のノーベル賞講演で次のように述べているのを引用している。「私には、それまで私がずっと強調してきた（連続性という）考え方を、今になっても、捨てようという気にさせる理由は見つからない。……神経系が一つの全体としてはたらくという考えを捨てて、平然としていることはできないのである。……」（cf. シャンジュー 三四）[5]。そして、これに対してピュパンがとるニューロン説は非連続的な立場ということができるだろう。『物質と記憶』の時代背景はまさしく、「神経科学の領域では連続と非連続をめぐっていくつかの論争を見ることができる」（GALLOIS 19）のであり、またそれは背後にある思想の対立をも示しているのである。

さて、ピュパンはこれらの研究史を踏まえた上で、ニューロン説の立場に立って、次のように問題を措定している。「ニューロンという概念によって、これまで慣れ親しんできた神経系が一体であり、連続性であると

（5）この連続と非連続の対立に関してシャンジューは、脳に関して、ガルやブロカなどの局在論者とヘッドやフルーランなどの全体論者を対立させて、ベルクソンを後者に位置づけている。（cf. シャンジュー 一六―一七）

いう考えは破壊されてしまった。連続性という言葉の変わりに、隣接性という表現をおくべきであり、それぞれ個別性をもつ神経要素の機能を十分に説明する新しい生理学を見つける必要がある……」(PUPIN 63)

この問題に対するいくつかの帰結を見てみよう。一．神経中枢の機能は、ある細胞から別の細胞への刺激が多数の道を移動することにしかない、二．移動はあるときは開き、別のときは閉じる偶然の伝達（communications contingentes）によって起こる、三．この偶然性を理解するためには次のただ一つの仮説が可能であるように思われる、それはニューロンからニューロンへと互いに隣り合う分岐の先端が拘束されない状態で終わっており、その分岐があるときはより親密に近づき、あるときは軽く離れるというものである。四．習慣の効果によってこの隣接は決定的になる、五．ニューロンの隣接状態にある分岐の変動は、分岐した端の移動や運動による —— ピュパンはこの移動を神経細胞がアメーバー[6]のように偽足を伸ばすという仮説によって説明している。

さて、次節はこれらの結果がどれくらい『物質と記憶』の神経系の議論に生かされているのか、そしてそこで明らかにされるとされていた計

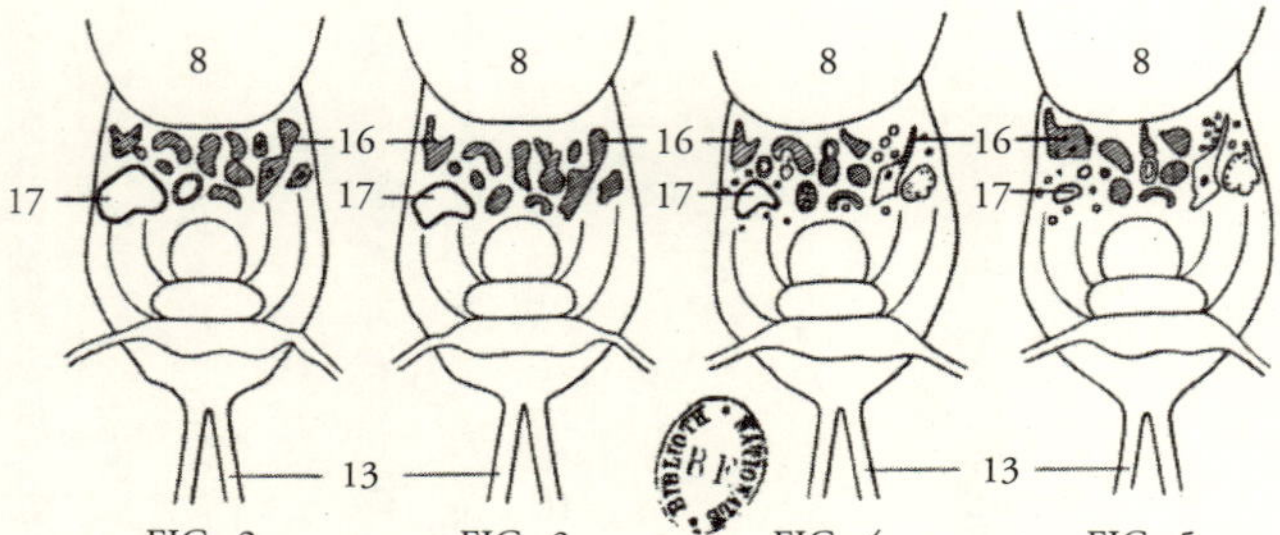

FIG. 2.　FIG. 3.　FIG. 4.　FIG. 5.

図は PUPIN PLANCHE 1 より引用。番号の 16 や 17 が Leptodera hyalina の脳付近の神経の樹状突起であり、これらが時間の経過とともにアメーバーのように動く様子を示す。

算に適さないエネルギー概念のゆくえを考察したい。

三．非決定性の座としての神経系――『物質と記憶』

前節では、神経科学の流れを見たが、それはどの程度『物質と記憶』の議論に影響しているのだろうか。我々はベルクソン哲学が持続概念を中心に連続性の立場をとることを見てきたが、それは神経系の問題に関しても同じなのだろうか。『物質と記憶』には、神経系に関する連続と非連続の問題に関して、次のような記述が見られる。

> 明らかに我々の神経系は、中枢の媒介によって感覚的刺激に結びつけられた運動機構を構築するために配置されていて、神経要素の非連続性と（la discontinuité des éléments nerveux）、おそらく多様な仕方で接近する（se rapprocher diversement）ことのできる末端分岐の多様性は（la multiplicité de leurs arborisations terminales）、印象とそれに対応する運動の間を接合できる数を限りないものにしている。（MM 102）

さらに最近の発見が明らかにした神経系の繊細な構造に目を向けてみよう。いたるところに伝導体が見られ、中枢

（6）この説に関して、ピュパンはロベルト・ヴィーダーシャイムの以下の実験をもとにしているように思われる。その実験とは、Leptodera hyalina というプランクトン（現在の名は Leptodora Kindtii）の変動する神経細胞の観察である。この生物は体が透明であるため、観察に適しており、脳と視覚神経節の連結部である par mobilis と名づけられた領域は、「神経節と非常に屈折した細胞の不規則的な集まりから成り、動物の脳を構成している。これらの細胞では原形質の運動と変形が観察される。これらの変化は相当大きく、二分、三分、一二分の間隔で生じる。小胞が収縮し、神経節は配置を変え、すべてのプロセスが一つの「流れ」のように見える。」（PUPIN 51）とされる。

はどこにも見られないように考えられている。多くの繊維が端と端を向き合って配置され、おそらく流れが通過すると先端同士が近づくらしいが、分かるのはそれだけである。我々がこの書物のなかでずっと想定してきたように、おそらく身体が、受けた刺激と遂行される運動の出会う場所にすぎないというのが本当ならば、おそらくそこに存在するのはそれだけである。（MM 193）

前者の引用では、神経系の非連続性が示されているし、後者の引用からは、この非連続性が『物質と記憶』の取ってきた立場であることが理解されるだろう。しかも、次の引用を検討すれば、この神経系の非連続性の概念は、単に最新の科学の成果を取り入れているということに留まらず、これまで問題にしてきた神経系の非決定性の問題に関わるという点で『物質と記憶』の核心部にまで入り込んでいるということが理解される。

介在するこれらの細胞が増えれば増えるほど、それらがおそらく多様な仕方で接近し合うことのできるアメーバー状の突起を出せば出すほど、末梢から来る同じ刺激に対して、開かれる道の数と多様性が増すほど、同じ刺激が選択の余地を残す運動系統の数も増えるだろう。我々の意見では、脳は一種の中央電話局にほかならず、その役割は『伝達すること（donner la communication）』やそれを待たせておくことである。（MM 26）

この『物質と記憶』冒頭部の印象深い節を、先ほどのピュパンのニューロン説のまとめと比較すれば、アメーバーの比喩などかなりの類似が認められるだろう。(7) ベルクソンは、神経細胞の非連続性をとり、連続性を退けるにあたって、綿密な検証を示しているわけではない（その検証は電子顕微鏡の出現までできなかった）。おそらくそれは、仮説の厳密な検証よりは、その仮説を取り入れることによって、新たに説明力や整合性が増すという仮説発見法の意味合いが強いと思われる。では、この非連続説をとることには、どのような利点があったのだろうか。

『物質と記憶』では、神経系に関しては連続性に固執するのではなく非連続性の立場をとることによって、周囲の環境の変動に柔軟に適応できる可変的なシステムの生成として、神経系を考察することが可能になったように思われる。(8) そして、神経中枢の機能はニューロンからニューロンへの伝達にあり、その結合の複雑性と変動性が、選択の余地いわば非決定性やピュパンのいう偶然性を支えるものとなっているといえるだろう。このように、仮説の説明力を生かすために、ベルクソンはピュパンの文献で示されるニューロン説をとっているように思われるのである。(『物質と記憶』でメインテーマとなっているのは、実は、神経細胞のレベルではなく、脳という器官のレベルであり、ここで、ベルクソンは局在説と自らの説を仮説として対立させて検証している。細胞レベ

(7) 脳が中央電話局という比喩に関しても、同じくニューロン仮説を唱えたラモニ・カハールがすでに使用していたことは、注目に値する。「唯心論によれば、魂は一方では受容器として働き、他方では推進力として働いて、あたかも中央の局にいて、そこに集まってくるあらゆる線の通話を受信発送する電信士のごときものである。そして運道路と知覚路の間につくられている物質的な関係は、単に脳の自動能(automatismo)を説明するにすぎず、意識現象では橋渡しするものは魂自身であるという。」(萬年、一九九二年、一一八—一一九ページ)

(8) おそらくドゥルーズの『シネマ2』で次のようにいわれるのは、ベルクソン哲学と当時の科学のこのような関係を見越してのことだと思われる。「おそらくベルクソンは(ショーペンハウエルとともに脳の新しい考え方を提案した稀有な哲学者の一人である)深い変換の要素を導入した——脳は隔たり、空隙、刺激と反応の間の空隙以外の何ものでもない。しかし、この発見の重要性がどのようなものであろうと、この隔たりは自らを組み込む積分的な全体に、同じく自らを乗り越える連合に従属したままだったのだ。」(Cinéma II 274) このように、ドゥルーズは、ベルクソンが脳に非連続性を帰したことを評価するのだが、この空隙がそのものとして思考されることなく、最終的には持続の連続性によって埋められることを非難している。
　ショーペンハウエルの脳に関する考えついては、同様にジャンケレヴィッチは「単なる被刺激性から感覚能力や「自発的」運動へ高まるにつれて、ショーペンハウエルがすでに注目したように、刺激と反作用との不均衡はますます大きくなる。」(HB 82) と指摘している。

ルを巡る対立はどちらかというと前景には出てこないため、綿密な仮説検証ではなく、補助仮説として発見的に用いられているのだと思われる。)

それでは、我々がこれまで追求してきた、神経系における計算不可能なエネルギー概念は、これまで見てきた神経系の非決定性とどのような関係があるのだろうか。

さて私は、点Pから網膜のさまざまな粒子に伝えられる興奮が皮質かおよび皮質にある視覚中枢へ、またしばしば他の中枢へも導かれること、これらの中枢が興奮を運動機構に伝えたり、しばらくそのまま止めておいたりすることを見た。関わりのある神経の諸要素は、受けた振動に有効性を与えるものである。それらは意志の非決定を象徴する。……物質世界のなかに振動が機械的に伝えられない地点が存在するならば、すなわち我々がいってきたように非決定の地帯があるとしたら、これらの地帯はまさしく感覚―運動の通路に見出されるはずである。(MM 40)

この文を考察すると、確かに神経系は非決定の地帯だが、それが非決定であるゆえんは、意志の非決定性を受けて、神経要素が多数に分岐するのであり、その意味で伝達の偶然性は、意志の非決定性の象徴となっているのである。しかし、その振動を非決定にする意志と神経系のつながりを示すメカニズムは何か。『物質と記憶』では、生理学のレベルでこれ以上そのことが突き詰められることはない。ただし、説明自体は放棄されるわけではなく、『物質と記憶』の概要と結論では次のように明かされる。高次な諸中枢が発達するほど、運動の経路はますます多数になり、内的な選択は増大するがそれは誰の目にも明らかである。しかし、誰も見ないのはそれに伴って意識の緊張が増大することである。それによって、過去の記憶を現在と組織的に結合して新しい決断を行ったり、行為をさらに創造することができたりするようになる。そして、その行為の内的な非決定は、望むだけ多くの物質の諸瞬間に配分されるほど、必然性の網の目をより容易に潜り抜けることになる(cf.

MM 280)。もはやここでは「計算不可能なエネルギー」は登場せず、持続の非決定が直接、有機体や神経系の非決定に反映されるのである。

このように、『物質と記憶』では、『試論』に比べると、「計算不可能なエネルギー」が神経系の非決定性というより具体的な場面で語られるようになるものの、その内実に関してはまだまだ不明瞭で未分化なところも多い、とまとめることができるだろう。

四．生理学と物理-化学の間 ── ブシネスクの計測不可能性

『創造的進化』では、『物質と記憶』では曖昧であった「計算不可能なエネルギー」の意味や役割がより分節した形で現われ、その内容にもいくつかの新たな変更点が見られる。その変更点で、とりいれられている考えとして、『創造的進化』を扱う前に、本節ではジョゼフ・ブシネスクの説を概観することにしたい。我々は、物理と精神の間に生理学をおいたが、ブシネスクは、さらに生理学と物理-化学の関係をめぐる計測不可能性の問題を扱っている。

さて、十九世紀後半には、モンペリエ学派の流れを汲む生気論（vitalisme）の力は衰えており、その後には生理学を物理-化学に完全に還元しようとする陣営と、モンペリエ学派とは異なる仕方で生理学の独自性を何ら

(9)

（9） 本書第二章で取りあげたデュ・ボア＝レーモンは、ベルリンで機械論的生理学を創始し、例えば刺激感応性（irritabilité）や感受性（sensibilité）といったそれまで生命特性と考えられていたものを、活動電位という物理現象に還元しようとしていた。

かの仕方で認める陣営が対立していた、ということは本書の第二章で見た通りである。本節では、後者の流れに注目してその考えを「計測不可能性」によって展開させているブシネスクの著作『真の力学的決定論と生命の存在、精神的自由の調停』（BOUSSINESQ, Joseph, *Conciliation du véritable déterminisme mécanique avec l'existence de la vie et la liberté morale*, 1878）を参照することにしたい。

ブシネスクが試みていることは、自らの専門である理論物理学の手法、とりわけ特異解（solution singulière）をもつ微分方程式を用いることで、モンペリエ学派の生気論とは違う仕方で生理学の独自性を擁護することである。とりわけ、ブシネスクがここで念頭におくのは、有機体の物理-化学のレベルでは同一の原因は同一の結果を生むというデテルミニスムを唱える一方で、生気論者のいう生命力のように物理-化学的な現象を生み出しはしないが、生命的機能へとそれらを導く指導理念（ブシネスクの紹介では導く力能（pouvoir directeur））という考えをもちだすクロード・ベルナールである。[10]

しかしながら、物体の方向を変えることにはエネルギーが必要だといって、デカルトを批判したライプニッツ[11]の議論を思い起こせば、[12]物理-化学の現象を導くといっても、結局は物理的な現象を生み出していることにならないだろうか。ブシネスクはこのような困難を回避しようとした自らの先駆者としてアントワーヌ・オーギュスタン・クルノーとアデマール・ド・サン＝ヴナンの二人の名を挙げている。ここでは、クルノーの試みを概観するに留めよう。

クルノーは『科学と歴史における根本観念の結びつきについての試論』（一八六一年）のなかで、このことに関して、次のような例を用いて説明する（cf. COURNOT, 1861, p. 222）。膨大な労働が必要な岩石の採掘も、火薬の使用により人間は火花を起こすだけでよくなった。クルノーはこの例をアナロジーによって広げ、有機体も現象を生み出し実行するのは物理-化学のレベルで行われるが、それを方向づけ、導く力はわずかで済み、それこそ生命のレベルに帰属するものであると論じる。[13] クルノーは、火を起こす労力が、技術の発展によって段々減らしていくことができるように、この導く力も減らしていくことができるとする。しかし、それは、厳密に数学的な意味でゼロにできるのだろうか。クルノーは二つの手段を挙げるが、それが現時点では両方とも不完全であることを認めている。一つの手段は論理的なものであり、導く力がゼロにならないのは、我々の論理の能力がまだ不完全であるというものである。[14] もう一つの手段は形而上学的なものであり、物質や有機体の本質や、それらの物理学と生理学のレベル間の作用—反作用に関わるもので、[15] クルノーによれば、これはライ

---

(10)「私の説明はベルセリウスやクロード・ベルナールの見解を解明するだろう。彼らは……生命の物質的現象のなかに、それとは区別される導く力能の介入を認めていた。導く力能がなくても、物理-化学の諸力はしかるべき状況下で有機体の素材といった直接的な要素を生み出すことができるだろうが、それらの素材を細胞や器官といった決められた形へ集めることには成功しないだろう。」(BOUSSINESQ 30–31)

(11) 実際には、デカルトは端的に精神が運動を生み出すと考えていたのであるが、精神は運動を生み出さないが運動の向きは変えられるという主張(「方向変化テーゼ」)をデカルトに帰すのは神話であり、この神話はデカルト主義者クレルスリエが仕掛けたと考えるのが妥当なようである(cf. 松田克典、第VI章「デカルト主義の発展」『哲学の歴史』第五巻、二〇〇七年、中央公論新社、三一四—三二〇ページ)。

(12) このブシネスクの著作には、クザンの折衷主義の流れを引き継ぐ、哲学者ポール・ジャネの科学アカデミーへの報告書が前文に付されており、そこでジャネはこのライプニッツの議論を示している。(cf. BOUSSINESQ 5)

(13)「我々は生命や有機体の原理が、いかにして物理的な力に付け加わったり、同じジャンルの〔物理的な〕反対方向の作用によってそれらを相殺したりして、物理的な力のようなやり方で作用したり介入したりするのではなく、適切な方向へとそれらを方向づけるということを理解する助けとなる比較項を挙げるのに枚挙のいとまはない。」(COURNOT, 1861 p. 223)

(14) クルノーはゼノンのパラドクスを例に挙げ、亀とアキレウスの間が 1km あり、アキレウスが 1km 進む間に、亀が 100m 進んだとすると、両者が追いつくのは、亀が 111.111…m 進んだ地点であり、小数を使う限りでは無際限に続くが、分数を使えば 1/9km と表すことができる(cf. COURNOT, 1861 p. 224)。このように、現時点では指導する力は際限なくゼロに近いと間接的にしか表現できないが、将来は我々の論理能力の進展によって、直接的にゼロで表すことができるかもしれないというものである。

(15) クルノーはこの問題も、実験科学の発達によって解決されるかもしれないことを述べている。「実験科学が十分に進展して、生命の機能を実行するために、生物の機構のなかで生じる力学的、熱的、電気的、化学的結果をすべて観察し、比較し、測定することができたら、

ブニッツが構想した dynamique supérieur（上位の動力学）に属するものである。

　この二つのうちブシネスクが注目するのは前者である。ブシネスクは、クルノーが述べる不完全な論理が示す「困難を解消する直接的な推論様式を与え」(BOUSSINESQ 33)、生命が現象を導くのに物理的な力をかりる必要がないことを強調するのである。では、どのようにして導く力をゼロにできるのだろうか。ブシネスクの解答は、自らの専門分野である理論物理学を用いるものであるが、非常に簡潔なものである。それは、微分方程式が特異解を有する場合には、ある点で複数の特殊解（運動体の軌跡）をとることができるような分岐点を許容する、というものである。したがって、方向を変えるためにはエネルギー（活力）が必要であるというライプニッツの議論に対しては、分岐点の上であるならば、複数の方向が可能であり、またその方向がいずれも微分方程式を満たす限り、どの方向をとろうと新たなエネルギーは必要ないと答えることができるだろう。そしてブシネスクは特異解を含む微分方程式を生物に、含まないものを無生物に振り分け、前者では複数可能な方向のうちどれをとるかは方程式自身によっては決定されないので、そこに方向を導くものとして指導原理の導入が必要であり、さらにそれは物理的な力を及ぼさないので、計測が不可能であると論じるのである。

> その方程式が特異積分〔特異解〕を認めるような運動は、他にはまったく力学的作用をもたらさず、現われる積分の各分岐で系をもっぱら導くために、……物理-化学の力とは異なった原因がその運動に、しばしばあるいは連続的に介入することが必要になるだろう。
>
> 　私はこの原因に指導原理（*principe directeur*）という名を与えるだろう。私はそれを物理外の原因と形容するが、それは、運動の微分方程式に絶対的に何の変化をもたらさないので、その原因は科学者が扱いなれている物理-化学の力にたとえることができないことを示すためであり、結局、この原因はこれらの物理-化学の力とつり合わせることによって静力学的にも計測できないし、この原因が作用点で及ぼす加速によってあるいは仕事によって動力学

的にも計測できないことを示すためである。つまりはこの原因は……力学者、物理学者、化学者が用いるあらゆる計測の手段を免れる。（BOUSSINESQ 52–53）

　これに付け加えて、ブシネスクは化学的視点からすると、有機体とりわけ神経中枢はすぐれて変質しやすい組成をもつため、このような条件のほうが安定した平衡よりも特異解の存在は認められるべきであると述べる。平衡では、運動方程式は線型になり、特異解の存在はほぼ不可能になるからである（*cf. ibid.*, 56）。

　さて、我々は指導原理を説明するブシネスクの仮説を見てきた。それは生気論の生命力と異なり、物理–化学の力とつり合うことも、それらを加速させることもなく、ただ特異解を有する微分方程式の上でのみ、その存在を知られる計測不可能な原理であり、生理学とりわけ神経中枢に関係づけられていた。当時「この学術研究は、現代のカタストロフィー論やカオス理論どころではない衝撃」（HACKING 155）を与え、ジェイムズ・クラーク・マクスウェルもケンブリッジの非公式なグループで「物理–化学の進展は、事象の偶然性や自由意志に関する意見以上に必然性（あるいは決定論）の意見に何らかの有利さを与えるか」というタイトルの発表でブシネスクの見解を基にしているほどである（cf. BRUSH, 1976b p. 614）。では、ブシネスクのこの考えは『創造的進化』でどのように活用されるのかを次節で見ることにしたい。

これらすべてが、人が操作する物理的機構のなかで起こっていることと一致するのかどうかを見ることができるだろう。一致する場合、生命的な原理はそれ自身では指導的な作用によってしか介入しない。合理的には説明できない差異が確認される場合は、生命的な力能が物理的な力を方向づけることにとどまらず、それ自身物理的な力の産出原因となることが認められるだろう。」（COURNOT, 1861, p. 227）ここにも、当時の測定という手法の影響力の強さを見ることができるだろう。また物理–化学の保存則と生理学の現象を関連させるこのような発想は、最初に我々が『試論』で引用したベルクソンの発想と類似点があると思われる。

五. エネルギーの解放の非決定性

『創造的進化』でも『物質と記憶』と同様に、ベルクソンが神経系を重視する姿勢は変わらない。まず、生命進化の分岐の傾向を考察する『創造的進化』第二章では、「動物に神経と神経中枢を備えさせるようにさせた同じエランが、植物ではクロロフィルの機能へ到達したにちがいない」(EC 115)と述べられるように、とりわけ動物では神経系の機能が重視される。そして、このことは「動物的生命の図式(schéma de la vie animal)」(EC 121-127)と題される節で、より詳しく解説される。

ベルクソンは有機体のエネルギー源のうち、[16]とりわけ「運動や熱に直接変換されるような潜在エネルギーを化学的ポテンシャルの形でもたらす」(EC 123)グリコゲンの配分に注目する。「さらには、まさしく感覚—運動系から、グリコゲン、すなわち潜在エネルギーの要求がここに来るのであり、あたかも神経系や、神経系が働かせる筋肉に力を渡すために、残りの有機体はそこにいるかのようである。」(EC 124)と述べられるように、ここでは感覚—運動系すなわち神経組織と筋肉組織の二つが特権視される。「したがって、筋肉組織と神経組織は優遇される。前者は膨大なエネルギーの貯蔵を供給されているという点で、後者はエネルギーを必要とする瞬間にはいつも、ちょうど必要なだけのエネルギーが供給されているという点で。」(EC 123-124)

しかし、この神経と筋肉のうちでも、とりわけベルクソンが重視するのは神経系である。[17]それは「動物ではすべてが活動に集約」(EC 121)され、神経系こそが「一種の爆発(une espèce d'explosion)によって」(EC 122)蓄えていた力を解放するからである。ベルクソンはこのようなエネルギーの解放や消費を、『物質と記憶』の神経系の非決定性のテーゼを延長しながら、動物のみならず生命の自由や創造とほとんど同一視する。

生命が進化していくにつれ、それが創造する形態は非決定的、すなわち予見不可能となる。そしてそれらの形態が担うはずの活動もますます非決定的になり、つまり私がいわんとするのは自由になるということである。ニューロンはいずれも端と端を接しており、諸問題が措定されるのと同じ数だけそれぞれのニューロンの端からは多数の道が開かれるようになっている。このような神経系こそは正真正銘の非決定性の貯蔵庫（un véritable *réservoir d'indétermination*）である。（EC 127）

『物質と記憶』の表現は「非決定性の座」であり、意志がその座を占めることで非決定性が反映させられるということであったが、『創造的進化』では、「非決定性の貯蔵庫」というようにより直接的に非決定性が神経系に帰されるとともに、神経系の役割が明らかになっていることに着目したい。では、この非決定性とこれまで見てきた計算不可能なエネルギーとの関係は、『創造的進化』ではどのようなものになっているのだろうか。ベルクソンはそれを次のように述べている。

……生物の根底には、物理的諸力の必然性にできるだけ多量の非決定性を接木しようとする努力があると考えてみよう。この努力はエネルギーを創造するまでにはいたりえないか、創造されるとしても、作り出されるエネルギーの量は、我々の感覚、我々の測定用具、我々の経験や科学で捉えきれるほどの大きさになることはない（la quantité

（16）ベルクソンは「高等動物における栄養の役割はきわめて複雑」（EC 122）としつつ、栄養素を「四元素からなるアルブミノイド（たんぱく質）と三元素からなり炭水化物と脂肪を含む」（EC 122）二つに分け、前者を組織の修復、後者をエネルギー源に向いていると分類している。

（17）ベルクソンは、キュヴィエの「神経系は、実は、動物すべてである。他の系は神経系に仕えるためにしかそこにいない。」（EC 126 note）という言葉を挙げているが、神経系の運動器官と感覚器官を結ぶ役割を考察すべきとしている（FOSTER, art. Physiology de l'Encyclopaedia Britannica, Edinburgh, 1885, p. 17 が参照箇所として挙げられている）。この点に関してはさらに第六章で扱う。

créée n'appartient pas à l'ordre de grandeur sur lequel ont prise nos sens et nos instruments de mesure)。それゆえ、あたかもこの努力は、自分の自由になしうる程度のエネルギーを、ただできるだけうまく利用することを目指しているかのようである。この努力がそのことに成功する方法は一つしかない。それは、あらかじめ物質から潜在エネルギーの蓄積を獲得しておいて、いざという瞬間に、引き金を引いて（faire jouer un déclic）、自分が活動するのに必要な労力を得るという手段である。（EC 116）

このように、ベルクソンの考えは、『創造的進化』以降[18]、生命の努力がエネルギーを創造する（これは文字通りのエネルギーの創造というよりも、次章で見るようにエントロピー増大の反転の意味にとるべきだろう）ことがあれば、それは我々の計測にはかからないほど微小なエネルギーであり、その非決定性が増幅される形でニューロンを方向づけ、それによって非決定的な神経系のネットワークやシステムが生成されるという方向へ収束していくように思われる。

では、『物質と記憶』と『創造的進化』の計算不可能なエネルギーと非決定性との違いはどこにあるのだろうか。まず『物質と記憶』では、第二節でも見たように、神経系が非連続的なニューロンの連鎖により非決定的なシステムとなっているだけだったが、『創造的進化』では、上に見たように、生命が創造する測定不可能なほどミクロな非決定性を増幅させるシステムであるという視点が加わっている。これは、①エネルギーを蓄積し、②このエネルギーを非決定的な方向に消費するという、生命の二つの本性にも関わっている。

ところで、その増幅の例としてよく使われる火花―爆発物[19]、引き金―機械装置[20]という比喩は、実は、前節で見たブシネスクが援用する、クルノー[21]やド・サン＝ヴナンの議論に由来している。我々は、クルノーが岩石を採掘するとき火薬の比喩を用いたのを見たが、この議論をド・サン＝ヴナンは引き金と機械装置という形にさらに洗練させたのである[22]。ここでは、神経系に非決定性を認めているものの、生命の努力はエネルギーを創造できないか、できるとしても微小であるとされ、ベルクソンは心身因果に慎重な姿勢を示すため、ブシネスクの議論に近づいていくのである。

ただ、心身因果ははっきりしないとはいえ、ベルクソンは有機体や、引き金を引いて蓄積したエネルギーを解放する神経系の背後に、常に意志の存在を示唆することは『物質と記憶』と変わりがない。「有機体の増大する複雑さは、……神経系を複雑にする必要性からきている。……では神経系の進歩は何から構成されるのか。それは自動的な活動と意志的な活動の同時的な発展から構成され、前者は後者に適切な道具を供給する。……意志は、ある場合は機構を組み立て、ある場合は引き金を引く機構を選択し（choisir les mécanismes à déclencher）、機構の組み合わせ方や引き金を引く瞬間を選ぶ。」（EC 252–253）

---

(18)「意志がエネルギーを創造するとしても、我々の計測器具に感知できるように働くためには、創造されたエネルギーの量はあまりにも微弱だという可能性がある。しかし火薬庫を吹き飛ばす火花のように、その結果は莫大なものになりうるだろう。」（ES 35）

(19)「これら〔動物が食物として取る物質〕は、潜在的な状態で、相当量の化学エネルギーを含む非常に複雑な分子から形成され、蓄えられた力を解放するためには、一つの火花（étincelle）を待つだけの一種の爆発物（des espèces d'explosifs）を構成する。」（EC 116）

(20)引用例では、cf. EC 116, 253 など。他には「けれども人間の整備しうる機構（mécanismes）の数、したがって人間の選択しうる引き金（déclics）の数は、無際限であるという点で、他の動物と人間の脳とは異なる。」（EC 264）

(21)「火薬の袋に火をつけ、岩を吹き飛ばす火花を手に入れるために、原始人は固い木片を長い間、大変な労力で擦る必要があるだろう。技術の最初の進歩は、錬鉄の断片をあたえ、それをすばやく衝突させることで、小石から火花を得るのに十分になっただろう。のちには同じ目的のために、レンズを使って太陽が我々に送る日光を集めることを物理学は教えるだろう。化学は羽で擦ったり、散光が当たったりするだけで、爆発が起こるような混合爆薬を製造するだろう。」（COURNOT, 1861, pp. 222–223）

(22)ド・サン＝ヴナンの発想をブシネスクは次のようにまとめている。「意志の力学的効果をとても小さな仕事に減らし、彼はそれに引き金をひく仕事という名（le nom de *travail décrochant*）を与えた。というのも、彼はその仕事を、杭を打ち込むために数メートルの高さで支えている装置の引き金を引く（tire le déclic）工員の仕事や、ピストルの引き金を引く人の仕事に比較したからだ。」（BOUSSINESQ 31）。同様の箇所はポール・ジャネのレポートでも引用されている（cf. *ibid.*, 11）。（ブシネスクの参照箇所は *Comptes-Rendus* de l'Académie des Sciences, t. LXXXXIV, p. 419, 5 mars 1877, "Accord des lois de la mécanique avec la liberté de l'homme dans son action sur la matière".）

このような有機体と意志の関係は、おそらくこうまとめることができると思われる。まず、このニューロンのシステムは、因果的偶然を示し、その偶然性は自然科学の扱う範囲である。次に、この因果的偶然と結合をすることによって導入される導く力という目的性に関しては、これはベルクソン哲学では形而上学の領域に属する。そして、この両者の連関をつなぐのが、これまで問題にしてきた計算不可能、あるいは測定不可能なエネルギーなのである(偶然性と目的性に関しては本書第五章、第六章を参照)。

この有機体と意志の協働は、有機体機能の自動化が進めば進むほど、意志はそれだけ自由を手にするという関係になっている。空間的に表象すると思いがけない方向へエネルギーを消費する、ということになるが、時間的な側面から見ると、この行き着く果ては、「問題となっていたのは、必然性そのものである物質で自由の道具を創造すること、メカニスムにうちかつメカニスム(une mécanisme qui triomphât du mécanisme)を製作すること、自然の決定論に自らが張り巡らす網の目を通過させることである。」(EC 264)というように、創造的な秩序を創造することということになる。このように『創造的進化』の目的論は、究極的には外に目的があるのではなく、より強い強度を生きるメカニスムや自由な生物の製作というように、生物自体を目的とする自己目的化の構造をもっているといえるだろう。

少し話が脱線したが、最終的に、ここで注目したいのは、『物質と記憶』と『創造的進化』ではこの非決定性の根本にある計算あるいは計測不可能なエネルギーの位置づけや意味が変わっているということである。『物質と記憶』では、前節で見たように持続の非決定性が物質に配分されるとしているため、もしこれが非決定性の意味だとすると、原理的に計算・計量不可能である。しかし『創造的進化』では、上の引用に見られるように、それはあまりにも微小であることから経験的に観測にかからない、というように境界が形而上学から物理学のほうにずらされているのである。

では、なぜこの移行が起きたのだろうか。この生命が創造するとされるエネルギーの微小さは、そもそも、生命はエネルギーを創造するだけの十分な力をもたない、あるいはエントロピー増大の法則が規定しているような物理変化の方向を転換させるだけの力をもっていないということに由来する。この点に関しては次章で詳しく見ることにするが、こうしてみると、この計算不可能性の内実の移行を促したものは、形而上学的な理由よりも、熱力学と生理学などの研究によるといえるのかもしれない。このように、確かにベルクソンが『試論』で述べたように、神経現象の研究やそれを取りまく化学や熱力学の研究の進展とともに、計算不可能あるいは測定不可能なエネルギーの曖昧だった内実は、段々と分節化されていき、最終的には物理学の側に取り返されるに至ったのではないか、ということが本章の結論である。

第四章　エントロピー概念と非可逆性（時の矢）の問題

一．エントロピー概念導入の時代的背景

我々は本書の第二章で、『試論』では、心的事象には端的に持続が認められる一方で、生体や有機体などの生理学的事象の持続は、物理‐化学現象の複雑さという空間の観点から考察され、その非可逆性は見かけ上のものかもしれない、という留保つきでしか認められていないのを見た。非可逆的過程が見かけ上のものか、実在のものか、言い換えると、時間に向き（時の矢）はあるのかないのかという問題が本章で扱われる問題である。本書の第二章で見たように、この問題は機械論的決定論による世界観と深く関わりをもつ。そして、十九世紀後半の物理学では、とりわけエントロピーの非可逆性をどのように見なすかという点をめぐり、原子論あるいは機械論（非可逆性を可逆性から導く、あるいは非可逆性を可逆性に還元する傾向）とエネルギー論（非可逆性をありのまま認める）という二つの仮説が激しく衝突したという背景を押さえておかなくてはならない。

しかし、ベルクソンの議論の特徴は、このエントロピーの問題を物理現象だけでなく、上述の通り、生命現象にまで関連づけて議論しているところにある。すなわちエントロピーが増大する（無秩序へ向かう）方向と減少する（秩序へ向かう）方向が反転し合うものとして、『創造的進化』では描かれ、前者が物理現象、後者が生命現象として捉えられる。

さて、このように『創造的進化』（一九〇七年）では、生物学との関連でエントロピー概念が注目されるようになるわけだが、しかし、それ以前の著作である『試論』（一八八九年）や『物質と記憶』（一八九六年）では、エネルギー保存則が決定論と結びつけられて大きく取り上げられているのに対し、同じ熱力学の法則の一つであるエントロピー増大の法則は、保存則と比べるとほとんど扱われていないに等しい。そのあたりの事情を、アルベール・ティボーデは『ベルクソンの哲学』で解説している。ティボーデは、我々が本書第二章で引用した『試論』の「保存則から逃れる」力の箇所を引用した後で、次のように述べている。

ベルクソン氏が『試論』を書いたころ、哲学者たちの注意は、決定論者たちがそこから帰結を引き出してくる保存則に向かっていて、ベルクソン氏はどこにも散逸の法則〔エントロピー増大の法則〕を記述していない。……しかし、この〔保存則という〕土壌の上に、自由の敵対者と支持者は長い間問題を措定していたのであり、自由が宇宙に加えるように見えるエネルギーが自由のなかにあるかどうかを考察してきたのだ。科学も哲学も一時すべての問題がエネルギーの問題に吸収されると見なすようになった。『試論』から『進化』への移行は、この十五年〔十八年？〕間の科学と哲学の持続そのものと完全に一致する。……私が先ほど引用した文をベルクソン氏が書いたとき、彼は結局『進化』で再び見出すだろう土壌の上に問題をおいていたのだ。（THIBAUDET 220–221）

このように、ティボーデは『試論』がエントロピー概念に無関心であるのは、決定論に対応するために、保存則に注目が集まっていたからであり、またこのことは当時の哲学の一般的風潮であったこと、またベルクソンは自らの持続の哲学を宇宙論へ深化させるときにエントロピー概念に気づいたが、(1) このことも当時の風潮と合致していること、『試論』で措定された問題が、『創造的進化』でエントロピーの問題として再び取り上げられていることなどを説明するのである。

ティボーデのこの説明は正鵠を射たものであるように(2)我々には思われる。そこで、我々はティボーデのこの説明をさらに当時の状況に照らし合わせ、そのうえでその補強を行うことにしたい。

まず、最初に確認しておかねばならないのは、エントロピー増大の法則は、一八五〇年代の初頭にクラウジウスらの手により定式化され、またそれに基づいたトムソンの有名な宇宙の熱的死の議論は一八五二年に唱えられているということである。「宇宙の熱的死」といえば、そのセンセーショナルな話題と結びついて、エントロピー増大の法則が一気に普遍的法則として認知されたように思われるかもしれない。(3) しかし、ここで注意

---

(1) 「もっとも、ベルクソン氏が宇宙論と持続の一般的な哲学との方向に自らの哲学を掘り下げようとしていたときに、その途上でカルノーの原理に気づいたらしいこと、そして『試論』はこの原理から出発したのでは決してなく、そこではこの原理は言及さえされていないことに注目しよう。」(THIBAUDET 210)

(2) ベルクソンによるティボーデの評は cf.「批評家ならびに哲学者としてのティボーデについて」(M 1547–53)。そこでティボーデの著作 *Bergsonisme* に関しては、「彼が私をたどるやり方は、忠実であるのと同じく不規則的であった。私がいいたいのは、彼は私が一気に行った旅行を再び行う場合、街ではロータリーごとに、森では十字路ごとに立ち止まって、芸術にも自然にも惹かれてしまうということである。……彼は私がわきにおいておいた問題まで彼なりの、個人的なやり方で扱うのであった。私の仕事場が一次元の空間であるとしたら、彼は二次元の空間で働いていたのである。」(M 1548–1549) と述べられている。

(3) ただし、エントロピー増大の法則が定式化される以前から、このような「熱的死」の議論の起源は十八世紀にさかのぼり、地球物理学や惑星学 (geophysical or planetary science) でビュフォンやフーリエなどが議論していた。このことに関しては、cf. BRUSH, 1976a, chap. 14, §2, The cooling of the earth pp. 551–566。

しておかなければならないのは、実際には、科学者の間では、非可逆性を示すこの法則は、当時は根拠づけられていないと見なされていたのであり、この法則をニュートン力学に組み込もうという努力がまだ続けられていたことである。『創造的進化』でも参照される、デュエムの著書『力学の進化』では、このあたりの事情を次のように説明している（cf. 1ère part., chap. X）。

〔エネルギー保存則とエントロピー増大の法則という〕二つの公式に関しては、熱の本性を決めないまま、様々な力学の体系から独立した学説を立てることができる。この学説は、自らが分析するすべての現象を形、運動、質量、力などに還元する野望をもたない。……以上の学説が熱力学（la *Thermodynamique*）である。（DUHEM, 1903, p. 111）

このように、熱力学は、「現象を正確に記述し、一方から他方への現象間を厳密につなげられさえすれば、事物の根底は無視する」（*ibid.*, 112）といういわば現象論に従い、一方で「すべてを《力学の理由》で説明しなければ気がすまない人たち」（*ibid.*）は、この熱力学が説明する現象を力学諸概念に還元して、根拠づけようとし、これは「熱の力学理論（La théorie mécanique de la chaleur）」と呼ばれて熱力学と区別されていたのである。そして、熱の力学理論は、力学への還元の手段として原子を措定し、議論を呼び起こしていた。すなわち、この対立こそ、十九世紀後半から二十世紀の初頭にかけて物理学を騒がせたエネルギー論と原子論の対立にほかならない。デュエムは、エネルギー保存則に関しては、容易に還元が行われたが、「熱力学全体を力学の一章にする（faire de la Thermodynamique tout entière un chapitre de la Mécanique）ためには」（*ibid.*, 112）カルノーの原理〔エントロピー増大の法則〕を力学から導出せねばならず、この還元は非常に困難であり、「実際のところ、我々は一八八四年までには、カルノーの原理の力学的説明をほとんど見捨てていた。そのときに、今度はヘルムホルツがそれを試みていたのだけれども。」（*ibid.*, 115）と述べている。

また科学史家スティーブン・G・ブラッシュの説明では、ポアンカレは、一八九三年の論文で、「機械論はすべての現象が可逆的でなければならないということを含意するが、経験は自然に多くの非可逆な現象が存在することを示す」(BRUSH, 1973a, p. 631) と述べ、一九〇〇年のパリで行われた国際物理会議の開会式講演で改めてこの問題に注意を促したとされる[(4)]。

このように、非可逆性の可逆性への還元不可能性が意識され、問題となり始めたのは、一八五〇年代のエントロピー増大の法則の定式から、かなり後だったといえるだろう。おそらく、この論争を通じて、概念的布置の地殻変動が生じ、エントロピー概念の重要性が飛躍的に高まったと考えられ、『試論』の時代状況は、ちょうどこの変動の最中だったと考えられる。そうだとすれば、問題とすべきなのは、ベルクソン個人の知識の有無よりも、エネルギー論と原子論の論争によってもたらされた、概念的枠組みの変化のほうなのではないか。それというのも、概念的な枠組みが成熟しないうちは、問題に気づいていたとしても、エントロピー概念を知識としてもっているだけでは、それらをうまく連関させ、問題を措定することがそもそもできないと考えられるからである。そしてまさに、ベルクソンが『試論』の生体内の現象に関して、現象の非可逆性をとるか、それをミクロな可逆性へ還元するのかを問うとき、生じているのはこのようなことだと考えられる。もしここで、エントロピーの概念が現われないと批判するならば、その批判こそエントロピー概念の重要性が高くなった後

(4) cf. BRUSH, 1973a, p. 541。ポアンカレの科学に対する立場は多元的であり、力学に対しては規約主義をとるが、物理学は実験を重視する。また、ツェルメロはポアンカレの再帰定理を用いて、一八九六年にボルツマンの原子論の立場を批判している。「彼の立場は第二法則が絶対的真理であり、したがってそれと不整合な予言を導くあらゆる理論は偽でなければならないというものであった。」(BRUSH, 1973b p. 616)

の視点をそれ以前の視点に混入させてしまっていると指摘できるだろう。[5] ティボーデのいいたかったことも、以上のことにほかならないと思われる。ただし、ティボーデの議論では「熱力学と電磁気学という二つの新たな理論の出現を見た、終わりつつあるニュートン・パラダイムという科学的文脈」(BRENNER, 2003, p. 156) への分析がないので、本節ではそこに焦点を当てた。

さて、我々はベルクソンが『試論』では、生体内の現象の非可逆性が見かけ上のものであることや、可逆性への還元可能性について、留保しつつも認めているのを見た。では、この点に関して『創造的進化』では、どのような変化が起きているのかを見ることにしよう。

二　有機体内の二種類のプロセス

有機体の持続の非可逆性が論じられるのは、『創造的進化』第一章であるが、その題名は「生命の進化について　機械論と目的性 (De l'Évolution de la Vie, Mécanisme et Finalité)」となっている。この機械論と目的性という組み合わせは、本書第二章で見た『試論』第三章の機械論と力動論に対応し、[6] まさしくこのどちらの説が有機体の持続や生命の進化のプロセスをよく説明するか、ということがここで論じられるのである。したがって、ここにもまた対立仮説の提示とその検証が論じられているのである (この点に関しては本論第六章で詳しく扱う)。

このように、『創造的進化』の第一章の前半部では、有機体内の現象のプロセスを扱う実証的な研究を挙げながら、目的論・力動論的な立場と機械論的な立場が対比されている。ここでは、その対比を整理し、エントロピー概念との結びつきを考察したい。まずベルクソンは、生物には個体の老化 (vieillissement) 現象が見られるとして、有機体内の現象に持続を認め、[7] すぐさまそれに機械論の意見を対立させる。

> 何かが生きているところはどこでも時間が書き込まれる帳簿がどこかに開かれている。
> しかし、それは比喩でしかないという人もいるだろう。事実、時間に固有の実在性や有効な作用を与える表現を皆比喩と見なすのが機械論の本質である。直接的な観察が、我々の意識的存在の根底には記憶、いわば現在への過去の延長、要するに活動的で非可逆な持続（durée agissante et irréversible）があることを我々に示しても無駄である。あたかも過去の堆積した記憶が後戻りを不可能にしている……ことを推論が証明しても無駄である。……変化は部分の並べ方や並べかえに還元され、時間の非可逆性は我々の無知による見かけであり、後ろ向きの復帰の不可能性は、人が事物を元の位置に戻すことの無力さでなければならないことになる。（EC 16–17）

このように見れば、ベルクソンは『試論』で容認していた立場を機械論として批判し、今度はそれに対して、有機体に留保していた持続の非可逆性を認めていることが理解されるだろう。さらに、ベルクソンは、有機体内の現象のプロセスのうち、機械論が扱えるものと、そうでないものという形で区分していく。まず、老化に関しては、生物が成長し、発展し、老いる原因となる推力（la poussée）があり、「要するに老化において重要な

（5）実際にティボーデの議論は、『試論』と『進化』の間の概念が不整合であるというルネ・ベルトロの批判に対してベルクソンを擁護するものとなっている。この点に関しては、ベルトロの著書を参照したが、その批判は膨大であり、該当箇所を見つけ出せなかった。

（6）力動論はライプニッツにも見られるように目的性や目的論（finalisme）と結びつく傾向がある。それについてベルクソンは『講義録Ⅱ』で「力動論は偶然性とともに目的性（la finalité avec la contingence）を認める。というのも実体の展開が必然的な展開でないならば、その発展がいまとは別の発展でありえるとしたら、なぜそれがいまある通りなのかを説明する必要がある。仮定によって我々は機械論の外にいるのだから、機械的秩序はこの展開の理由にならない。だから、それは精神的理由、追求される目的以外にありえない。」（Cours II 434）と述べている。

（7）「胚の発達と同じく、生物の進化は、持続の連続的な登録、現在のなかへの過去の存続……有機的な記憶の痕跡を含んでいる」（EC 19）

のは、感知できないほど無限に分割される形態変化の連続である。もちろん、老化には有機体の破壊（destruction）が伴う。老化の機械的説明が固執するのはこちらである。」（EC 19）と区別される。[8]

また、進化すなわち、生物の形態の独創性や予見不可能性に関しても同様のことがいわれる。（ただしここでは機械論と目的論の対立が科学と哲学の対立にシフトしている）「……科学は事物の反復という側面しかとどめない。……歴史の継起的側面にある還元不可能なものや非可逆的なものは、科学から逃れてしまう。」（EC 29）同様の例はたくさんあるが、[9] 最後に、博物学者エドワード・ドリンカー・コープ[10]の説をベルクソンが挙げているので、その箇所を見ることにしたい。

> 現代の最も著名な博物学者の一人は、生物組織で確認される現象の二つの秩序の対立を指摘している。一方はアナゲネシス（上向発生）でもう一方はカタゲネシス（下向発生）である。アナゲネシス・エネルギーの役割は、無機質を同化して下位のエネルギーを自らのレベルにまで高めることである。それは組織を形成する。反対に、生命機能そのものは（同化、成長、生殖を除き）カタゲネシスの秩序に属し、エネルギーは下降してもはや上昇しない（descente d'énergie et non plus montée）。物理-化学が扱うのは、カタゲネシスの秩序の事実、すなわち死んだもの（du mort）で生き物ではない。（EC 34–35）

以上の区別からもおおよそ想像がつくように、ベルクソンは有機体や生体内の現象に、一方は創造・組織化・生成・連続・予見不可能性のプロセスをおくのに対し、他方に破壊・分解・死・非連続・反復可能性というプロセスをおく。この対立はコープの説では上昇と下降と呼ばれたが、この区別は『創造的進化』の冒頭部で、「宇宙そのもののなかに、我々はのちほど述べるが、二つの対立する運動、一方は『下降』（«descente»）他方は『上昇』（«montée»）を区別せねばならない。」（EC 11）と述べられるように、『創造的進化』のコスモロジーに類似している。我々は、この類似は偶然ではないと考える。「上昇」の側は、結局どちらも生命が担い、「下降」の側は物質が割り当てられるからである。そして、思考の順序としては、具体的な事物に即している分、有機体内の二つのプロセスが腑分けされ（『創造的進化』第一章）、それがコスモロジー（同、第三章）に拡大されたのではないかと推測される。同様に、この相対する二つの非可逆的なプロセスに一方はエントロピー減少、他方はエントロピー増大という傾向が割り振られるのも不思議ではないだろう。一方には目的論・力動論が、もう一方には熱力学、あるいはルードヴィッヒ・ボルツマンの原子論・機械論が当てはまると思われる。このように有機体の二つの非可逆的なプロセスが、『創造的進化』におけるエントロピー概念の位置づけに大きな役割を果したというのが本節の主張であり、これは『試論』第三章の議論に遡行することができると思われる。

三．エネルギー論と原子論

それでは『創造的進化』のエントロピー概念はどのようなものなのか。本章第一節では、エネルギー論と原

(8) また機械論的手法である計算については、「ここでせいぜい計算の手が届くのは有機的破壊の現象である。反対に、有機的創造、すなわち本来生命を構成する進化的な現象に関しては数学的処理にどのようにゆだねることができるか検討もつかない。」(EC 20) とされる。

(9) ベルクソンは、コープのほかにボールドウィンの著作を引いているが、その参照箇所でも、二つのプロセスが区分されている。「すべての化学過程は……構成（composition）の系列と同じく分解（dissolution）の系列をもっている。有機体の生活史（life history）が表す系列は、化学的に考えると、おそらく構成の系列である。しかし有機体が死んだとき、分解の系列は構成の系列と反対、すなわち生活史を逆向きにたどる（a back-tracing）――ということではまったくない。」(BALDWIN 325)

(10) ベルクソンへのコープの影響の深さに関しては、cf. 金森、二〇〇四年 a、一七四―一七九ページ。

子論の対立を概観したが、具体的には、ベルクソンはそのどちらの解釈の立場に立つ、あるいはどちらの解釈に近いのだろうか。以下では、エネルギー論、原子論それぞれの立場と『創造的進化』を比較してみたい。

(一) エネルギー論あるいは規約主義 ── ポアンカレ、デュエム

「ベルクソンは厳密な意味でのエピステモロジーを展開したわけではなかったが、彼は規約主義(le conventionnalisme)を好意的に受け入れていた。規約主義は一八九〇年代の間から一九〇〇年代の初頭に多くの注目を引いていた。」(BRENNER 2001 p. 157)というように、ベルクソンと規約主義の関係の深さを指摘する研究は多い[11]。確かに、ポアンカレの生徒でもあり、ベルクソンの弟子でもあったエドワール・ル・ロワが極端な規約主義に傾倒したため[12]、規約主義同士の間でも複雑な関係があるが[13]、大まかにみれば、ベルクソンと規約主義の間には対立よりも共通性の部分のほうが多いといえるだろう。また『創造的進化』でデュエムの著作が引用されるのは、エントロピー増大の法則よりも、エネルギー保存則の規約的性格を強調するためであるが、同様の主張はすでに一八八九年の『試論』のなかに見られる(DI 110–114)。このことを考えれば、規約主義が注目を集めた一八九〇年代から、ベルクソンと規約主義との親密な関係があったと推定することができる。

さて、ベルクソンによる熱力学の二つの法則に関する解釈であるが、我々はこれをポアンカレ『科学と仮説』と比較しながら見ていくことにしたい[14]。まずポアンカレは、エネルギー保存則の利点と困難とを区別する。利点は二つあり、一．古典力学が許容するが、自然には起こらない現象を、保存則は許容せず排除する、二．原子仮説を取らなくてもよい。

しかし、それは新たな困難も発生させる。それはまさにエネルギー保存の定義に関わる問題である。例えばU＋T(Uはポテンシャル・エネルギー、Tは運動エネルギー)というエネルギーの定義を取り上げてみよう。ま

ず、孤立系を考え、そのなかの質点が受ける力が互いの位置にのみ依存し、速度からは独立している単純な場合を考えると、このときはUとTの二つのエネルギーを判別に区別することができ、エネルギーの定義に曖昧さはない。しかし、複雑な場合、すなわち質点に作用する力が速度にも依存する場合、Uは速度にも従属することになり、そうすると速度の二乗という項のなかに、Tに由来するものとUに由来するものを区別することはできなくなる。「したがって、どのようにエネルギーの二つの部分を区別すればよいのか」(POINCARÉ, 1902, p. 141) という定義の曖昧さが残ることになる。さらに複雑な場合では、状況は絶望的になり[15]、この結果、

---

(11) ベルクソンと規約主義の関係、ル・ロワとの関係などに関して最近の論文では、cf. 杉山直樹、二〇〇六年 a。また、スペンサーとポアンカレの関係については、cf. ČAPEK, 1971, pp. 15–29。また、エディントン、ポアンカレとベルクソンの親近性を指摘したものについては、cf. DAMBSKA, 86–87.

(12) cf. POINCARÉ (1905) 241, BRENNER (2001) 158–159, 杉山直樹、二〇〇六年 a、八四ページ、DAMBSKA 86.

(13) ここでは、コントの実証哲学の後に現われたポアンカレ、デュエム、ル・ロワ、ミヨーなどの一群の新しい科学哲学 —— ポスト実証主義 —— をBRENNERの提案のもとに「規約主義」の名のもとで示すことにする。デュエムの哲学はホーリズムといったほうがよく、ポアンカレも規約主義にはとどまらない多元的な科学哲学を展開するのであるが、彼らは共通してコントの実証哲学に対して、規約や仮説の独自性を強調していることも事実であり、彼らの一群の活動を指し示すのにほかに適当な語もないからである。「確かに、『規約主義』とは批評家がつくった術語であり、その術語が指示する潮流が存続するのを止めたすぐ後で、その術語は現われたのである。……おそらくは、これらの著者たちに共通するもう一つのテーマを強調するほうがより正確だろう —— それは、全員が諸仮説の選択のなかにある程度の自由があることを主張している、ということだ。」(BRENNER, 2003, pp. 11–12)

(14) 確かに、『創造的進化』で引用されるのは、デュエム(註(17)を参照せよ)なのだが、ベルクソンの指摘はエネルギーには様々な種類がある、という雑駁な指摘にとどまり、参照箇所もp. 197以降と広く、エネルギー保存則の規約的性格についてのコンパクトな説明が見あたらないため、比較のためには、ポアンカレ『科学と仮説』のほうが適切だと判断した。これに関しては、「エネルギー保存則の解釈など、『進化』がポアンカレに大きく依拠していることは確かである。」(杉山直樹、二〇〇六年 a、九一ページ、註(9))

(15) 例えば、T+U+Q=定数というさらに複雑な場合(Qは熱・電気・化学などの内部エネルギー)、それぞれの項が分解できるのは、「Tが速度の二乗に比例し、かつUが速度と物体の状態に独立であり、かつQが速度と位置に独立で、物体の内部状態のみに依存する」(*ibid.*, 142)という場合のみに限られる。そしてこのような例外は、静電気学、動電気学ともにほとんどなく、その結果「我々はTとU

「我々にとってエネルギー保存則のための言明は一つしかもはや残っていない。それは、恒常的な何ものかが存在する、というものである。この形式のもとで、それは経験のもとを離れ、一種のトートロジーに還元されることになる。」(*ibid.*, 143) もちろん保存則は、実験で確証され、また限定された系に適応される限りでは有用であり、他の物理法則より生き残ることは疑いないと評価はされる。しかし、ひとたび決定論者のように保存則を宇宙全体に適用しようとすると「避けようとしていた同じ困難」(*ibid.*, 148) がでてくるのである。[16] このような保存則に対して、ポアンカレの評価は以下のようになる。「以上のことによって、私は、マイヤーの法則〔保存則〕がいかなる客観的な実在にも対応していないとか、単なるトートロジーに還元されるとかいいたいのではない。というのも、個別の場合には、そして絶対へと向かうことを望まないならば、この法則は完全に明晰な意味をもつからである。」(*ibid.*)

このように、長々とエネルギー保存則に対して説明したのち、最後の一段落でポアンカレはエントロピー概念に関してこう述べる。「クラウジウスの原理〔エントロピー増大の法則〕にも、私のいまいったほとんどすべてのことは適用される。……クラウジウスの原理が不均等 (inégalité) に還元されるとしたら、それは不均等の原因となるのが観察手段の不完全さだからではなく、事柄の本性に関するものだからである。」(*ibid.*, 149)

以上が、ポアンカレ『科学と仮説』の熱力学の二つの法則に関する解釈である。では、まずこの解釈と『創造的進化』の保存則の解釈を比較して考察することにしよう。

第一の法則〔保存則〕は量的な法則であり、その結果、部分的に我々の測定の手段に相対的である。……運動エネルギーしかないか、運動エネルギーに加えて、ただ一種類のポテンシャル・エネルギーしかないとするならば、測定の技巧はこの法則をそれほど人為的なものにはしないだろう。……しかし、現実には様々な種類のエネルギーが存在する……この原理に存する規約（convention）の役割はとても大きい。……エネルギー保存の法則はここではあるものの一定量の客観的な恒存（la permanence objective d'une certaine quantité d'une quelque chose）を表現できるのではもはやなくて、むしろあらゆる変化はその反対の方向によってどこかで相殺されるという必要性を表す。（EC 242–243）

ここではデュエムが引用されているため、測定の要素が強調されているが、(17) エネルギーの種類が増えるほど、保存則の規約の役割は増大し、実在に対応した量の保存よりは、一対一の対応を欠いた関係概念へ接近するというベルクソンの保存則への解釈は、ポアンカレの限定された系では、保存則は明確な意味をもつが、系をあまりにも拡張すると、各エネルギーの区別や確定が困難になり、トートロジーに近くなるという解釈に対応すると思われる。したがって、ベルクソンの保存則の輪郭をぼかす（estomper les contours）という手法は、実在と規約の間を揺れるポアンカレの解釈に接近しているのである。

とQの部分をなすはずの項を抽出し、エネルギーを三つの部分に識別するいかなる手段ももはやもたない」（*ibid.*）ことになる。

(16) ポアンカレのこの主張が保存則による決定論への批判になっているのも興味深い。

(17) ベルクソンは、『力学の進化』第二部「熱力学理論」、第一章「質の物理学」以降を参照箇所として指示する。この章では、熱力学と規約主義あるいは現象主義の方法が簡単に説明されている。ベルクソンが正確にどこを指示したものなのか理解することは難しいが、だいたい以下の辺りかと推測される。「熱いことから構成される質に関して、数字、すなわち温度という度合いによる記号的表象に関して、我々がいまいったばかりのことは、必要な変更を加えて（*mutatis mutandis*）、物理学者の注意を引くすべての質に繰り返される。いわく、電気、磁気、誘電分極、照度である。経験事実の分析は我々に多少なりとも強度的な質という抽象的な概念を思い浮かばせる。この質に我々は数的記号を対応させ、その値は質の強さに応じて大きくなる。この対応の可能性は一般的なやり方で確証されるが、拡張された場合では道具の使用によって実践的に確証される。この道具は事実に与えられた質に対応する記号の数値を近似的に決定する。……この手法のみが、代数的、一般的、抽象的な公式から、質的、個別的、具体的な事実への移行を確証し、それらの公式によって、理論的物理法則は表現され、人々はこの法則を具体的な事実に適用しようとする。」（DUHEM, 1903, pp. 202–203）

それでは、問題のエントロピー増大の法則に関してはどうであろうか。

エネルギー散逸の法則は、本質的には量を対象としない。……確かにクラウジウスはその法則を数学的用語で一般化し、計算可能な大きさ、すなわち『エントロピー』という考えに到達した。……この法則は本質的にはすべての物理的変化は熱へと散逸し、熱自身は物体の間で均一な仕方で広まる傾向があることを表している。このようなあまり正確ではない形式のもとでは、この法則はいかなる規約にも依存しない（indépendante de toute convention）ようになる。それは解釈される記号なしに、測定の技巧なしに、世界の歩む方向を指差すという点で、物理学の法則のなかで最も形而上学的である。（EC 243–244）

まず、ポアンカレ『科学と仮説』の解釈では、不均等あるいは非可逆性は、観測の誤差ではなく、本性に帰されていた。ただし、ポアンカレが保存則で述べたことがエントロピー増大の法則にも適用されると述べることから想定して、客観的な実在にも何か不均等、すなわち非可逆性が存在すると考えられている一方で、（保存則に比べてエントロピー増大の法則に割かれている分量が少ないので、規約の役割に関しては、ほとんど明らかにされていないが）やはりエントロピー増大の法則も系全体に適用する場合には規約的な性格をもつと想定されているように思われる。

これに対して、『創造的進化』は、『科学と仮説』にも見られた非可逆性の実在性をさらに意図的に強めていると思われる。物理的質を道具で測定し、それを数量化することで、物理法則が定式化される――これがデュエムの論じる物理理論の前提であり、この意味ではエネルギー保存則もエネルギーの散逸も本質的には変わりない。しかし、この説には物理的質という現象の存在が（たとえその本質は何であるかを問わなくても）前提とされている。その物理的質の変化が熱へと散逸・均質化していく傾向は、そのような器具の測定法やシンボルを用いなくても、直接把握できる。いわばこれは記号の宇宙という科学システムに入る以前に見出される世界の変化であり、そういう意味で形而上学的といってもよいような法則なのだ——このようなものがベルクソンの戦略であり、そこではデュエムの物理理論のシステムを前提としつつも、その敷居をまたぐ前で意識的に留まって、議論を行っているように思われる。そして、この規約主義の手前にある世界像が、少しずつベルクソンが練り上げてきた力動論的な世界像であると推測できるだろう。

以上が、ベルクソンと規約主義のエントロピー概念の比較である。そこでは保存則に関しては、ポアンカレと同程度に規約的な性格を認めるが、エントロピー概念に関しては、その非可逆的なプロセスの実在性をさらに強くとる方向に歩んでいるといえるだろう。

(二) 原子論——ボルツマン

『創造的進化』では、上のような規約主義と自らの比較を行った後で、「このような観点からすると、我々の太陽系のような世界は、少しずつ自らが含んでいる変動可能性(mutabilité)[18]を使い果たすように思われる。最初は使用可能なエネルギーの量は最大であった。この変動可能性は絶えず減少する。ではそれはどこから来るのか。」(EC 244)と問いが立てられる。これは、きわめて確率の低い宇宙の起源はどのようにして実現したのか、という宇宙論につながる問題であり、現在も議論されている問題である。[19] そして、ここで、ベルクソンは原子

(18) チャペックの解説によると、mutabilitéという語は、ボルツマンの使うUmwandelbarkeitの訳であり、その字義訳はtransformabilityにあたるという。cf. ČAPEK, 1971, p. 371

(19) チャペックは、カントの第一アンチノミーはcreationismとeternalismの対立が背景にあり、ベルクソンの議論は、そこから切り離され

論者ボルツマンのエントロピー概念とコスモロジーを参照する。

ボルツマンはマクスウェルの気体分子運動論を引き継ぎ、一八七二年に「H定理」[20]を発表し、熱平衡へ至る非可逆的な過程を可逆的な力学法則によって説明したと主張した。これは、熱力学の非可逆性を力学の可逆性で説明することを意図したものであり、果たして説明が成功したのかをめぐって論争が起こり、様々な陣営からボルツマンの理論の吟味が行われた。ボルツマンはこの論争をめぐり様々な解釈を出すが、論争のポイントは、なぜ可逆的な前提から、非可逆性が導出できたのかという点にあり、これに関しては、最終的に、力学には無根拠な分子混沌の仮説を導入したためそのような導出はできていないと判明したのである。[21]

ボルツマンの当初の意図としては、非可逆性を単なる現象としてではなく、力学によって実在性を与えるというものであったと考えられるが、このような論争を経て、『気体論講義』(*Vorlesungen über Gastheorie*)では、最終的に非可逆性を可逆性に還元することはあきらめ、それと同時に、以下に見るように非可逆性を見かけ上のものと見なす立場に移行した。[22]そして、『創造的進化』で参照されるのはこの最終的な立場である。まずボルツマンのエントロピー概念の要は、確率の低い状態から高い状態への移行がエントロピーの増大とその非可逆性を示す、ということにある。これがボルツマンのエントロピーの確率論的解釈である。ただし、ここで注意しなくてはならないのは、あくまでこれは確率事象なので、非常にごく稀にではあるが、確率の高い状態から低い状態への移行――あるいは逆行も生じるということである。したがって、この解釈は根本的には可逆性を前提とし、非可逆性は見かけ上のものである。[23]

さて、このようなエントロピー概念をボルツマンはどのようにコスモロジーに応用するのか。それを整理すると、(1)宇宙は全体として「熱平衡すなわち熱的死の状態」にあり、永劫の時間に比べ非常に短い時間の間には、この熱平衡からのゆらぎによって、比較的小さな領域では平衡から外れた状態が見出されるだろう。「そのような場合の状態の確率〔すなわちエントロピー〕は、等しく増大もしくは減少する。」（2）「宇宙にとっては空間に上下がないように、時間の方向の区別もできない。」（3）しかし生物にとっては、地球の中心が『下』となるように「確率の低い状態から反対の方向〔確率の高い状態〕へ時間の方向を識別する。」（BOLTZMANN 257）の三点にまとめることができる。

したがって、ボルツマンの説によると、宇宙は全体として熱的死にすでに至っているのだが、非常に局地的

ていることに特徴があると指摘している。なお、ファイン・チューニングなどの現代の宇宙論と有神論の関係については、cf. 伊藤邦武『偶然の宇宙』岩波書店、二〇〇四年。

（20）ボルツマンは、気体の衝突により減少し、平衡に達したときに最小になる量Hを定義し、これにより、平衡状態でない気体分子の速度分布から出発して、平衡に至る時間的変化を与える方程式を導いた。

（21）「では、どうしてH定理の前提は時間対象的な力学なのに、どうして時間非対称なH定理が導出できたのか。その理由は分子混沌の仮説にあった。この仮説は、衝突する前の粒子の速度は相関していないが、衝突後の速度は相関している、と主張している。……時間非対称性の証明としては論点先取の誤りをおかしたということである。」（西脇 四一九）こののちにボルツマンは、時間の方向性については主観説をとるようになる。これに対する説明と批判的考察は、ポパー『果てしなき探求』岩波現代文庫（下）、一〇八―一一七ページを参照せよ。

（22）ロシュミット（一八七六年）――可逆性のパラドクス（速度反転による時間反転＝可逆性の要件をH定理は満たさない）。ツェルメロ（一八九六年）――再帰性のパラドクス（ポアンカレの定理を応用すれば、気体は初期状態に再帰するが、H定理はそうならない）。なお、次の論文では、ボルツマンが各反論に対して、二回の立場変更を行ったという指摘がされている。①力学還元主義の放棄→エントロピー増大を確率の法則と見なす。②原子の実在論→原子のモデル論へ。この最後の立場は、マクスウェルとダーウィンの影響が大きいと考察されている。cf. ELKANA, "Boltzmann's scientific research program and its alternatives", *The interaction between science and philosophy*, 1974, pp. 245–279.

（23）例えば、確率の低い状態から高い状態への移行は、時間に対して対称的である。現在、確率が低い状態にあるとすれば、過去も未来も確率が高い状態にあったことは同様に確からしい。ボルツマンの試みは、この確率の低い状態から高い状態への非対称的な移行を用いて、客観的な時間の非可逆性を可逆的な現象から導出することにあったのだが、それは以上の理由によって挫折したのである。『気体論講義』の主観的な時の矢の理論は、その代案、あるいは弥縫策として出された。このことに関しては、cf. 西脇 四一六―四二六。

な時間と空間では、エントロピーの低い状態がゆらぎによって生まれ、これが、ベルクソンのいうところの「使用可能なエネルギーの最大値」の起源となる。ちなみに、これらをカール・ポパーは、（1）アド・ホックなコスモロジーの導入、（2）客観的な時の矢の放棄、（3）時の矢の主観主義的理論とエントロピー増大の法則とのトートロジー、だとして批判する（cf. POPPER 158–160）のであるが、では『創造的進化』の説をこれらの主張と比較すると、どのようなものなのかを見ていくことにしよう。

　まず、ベルクソンは、この原子論的なコスモロジーに対して、[24]「物理学者〔ボルツマン〕はエネルギー〔これは先ほどの mutabilité を指すと思われる〕を延長した微粒子に結びつけざるを得ない。……しかしながら我々の考えによればこれらのエネルギーは、そこ〔空間の外のプロセス〕にこそ求めなければならない。」（EC 245）と述べる。そして、ベルクソンはエントロピー増大と減少の二つの可能性を認めた上で、この二つの世界が同じく空間のなかにあるのではないことを主張する。そうではなく、このエントロピーの増大と減少の二つのプロセスは、同じ宇宙を構成する二つの側面、とりわけ物質のプロセスと生命のプロセスに割り当てられることになる。

> 結局この実在が歩む方向は、我々に壊れ行く事物（cette chose *se défait*）という観念を示唆する。そこには間違いなく物質性の本質的な特徴の一つが存する。そこから結論づけられることは、この事物のできていく（cette chose *se fait*）プロセスは、物理的プロセスと反対方向に向かっており、したがってこのプロセスは定義そのものから非物質的ということにならないだろうか。……この結論は、もし我々が具体的な実在により接近し、もはや物質一般ではなくて、物質の内で生体を考察するならば、いっそう強い力で我々に迫ってくるだろう。
>
> 　実際に、我々のすべての分析は我々に物質の下る坂をさかのぼる努力を生命のうちに示すのである。（EC 246）

この二つのプロセスが、前節で我々が見た、有機体内の二つのプロセスに当てはまるのは間違いないだろう。次にこのことから、この二つのプロセスが、物質と生命のほかに、時空と生成、非連続と連続などに類比的に関連づけられ、物質と生命、延長と持続の二つのプロセスは不可分なものになり、宇宙全体は生成、持続するという『創造的進化』のコスモロジーあるいは宇宙生成論が展開されることになる。

それでは、ボルツマンの先ほどの三つの主張を『創造的進化』の主張と比較、整理してみることにしよう。（1）に対しては、宇宙は熱的死の状態にあるのではなく、まさに宇宙は生成の途上にあり、生命が物質の坂をさかのぼる努力として現われることになる。（2）に対しては、宇宙全体の持続から、時間は一方向性をもつことが導かれる。したがって「ベルクソンにとって物理的時間の非可逆性は、生成一般の非可逆性の一つの結果にすぎない」（Čapek, 1971, p. 368）のである。（3）に対しては、生命にとってのみ主観的に時間の方向性が現われるのではなく、宇宙全体の生成は客観的なものであり、そのなかに下降と上昇という方向性（これもまた客観的である）が存在することになる（この論点は本書第七章の宇宙像の問題とも関連づけられるだろう。）。

このように分析すると、ベルクソンの形而上学は、ボルツマンのエントロピー解釈とほぼ正反対であるように見えるが、それでは両者の間にはまったくつながりはないのであろうか。我々はそうではないと考える。それというのも、『創造的進化』の最も深いモチーフである、互いに反転し合う二つの非可逆的なプロセス、「上

（24）ベルクソンは、確率の高い状態から低い状態へ逆行するボルツマンの計算（一〇の一〇乗のさらに一〇乗）をもちいて、「それは数学的に見て想像を絶するほど非蓋然的（une improbabilité mathématique）であり、実際には絶対的な不可能性に等しい（équivaut, pratiquement, à l'impossibilité absolue）」（EC 245）として退けてしまうのであるが、非蓋然性と不可能性が同一視できず、この議論が誤りであることに関しては、cf. ČAPEK, 1971, pp. 372–373。

昇」と「下降」、生物進化とエントロピー増大の相関性は、[25]まさしくボルツマンの確率論的解釈と深く結びついているように思われるからである。したがって、ベルクソンの生命に関する規定の一つである「生命は、落下するおもりをもちあげる努力のようなものである。確かに、生命はその落下を遅らせることしか成功しない。しかし、少なくとも生命はおもりを上げることの観念を我々に与えることができる。」(EC 247)と述べられているヴィジョン[26]は、ボルツマンの解釈がなければ得られなかったであろう。このように、エントロピー概念の確率論的解釈が『創造的進化』で生命と物質の関係を規定する最も重要な契機として用いられているのは間違いないと思われる。

それでは、最後に『創造的進化』が、エネルギー論と原子論のエントロピー解釈からそれぞれどのような側面を展開させているのかを整理してみることにしたい。[27]まず、ベルクソンがエネルギー論の議論からエントロピー増大・減少の非可逆性を擁護し、さらに現象論には留まらずに、その実在性を主張することを我々は確認した。これに対して、物質の壊れていくプロセスと生命のできていくプロセスにみられる秩序・無秩序の考え、生物の蓄える利用可能なエネルギーすなわちエントロピーの低さと非決定性との同一視など、原子論の確率論的解釈はエネルギー論に劣らない重要性をベルクソンに対して、もっていると考えられる。

しかし、このエネルギー論と原子論のどちらにも当てはまらない側面をベルクソン哲学は有しており、とりわけ、宇宙生成論に議論が向かうときには、ベルクソンの議論はどのように理解すればいいか苦しむ場面もある。

宇宙が熱的死に不可避的に向かうという熱力学的な宇宙像をベルクソンは取らない。もし熱的死に賛同するならば、「人類全体は……目覚ましい進撃のなかに駆けていく巨大な軍団であり、あらゆる抵抗を撃破し、障害物を越え、おそらくは死さえも乗り越えるだろう。」(EC 271)という『創造的進化』第三章の末尾の文が理解不能になる。また、*La dissolution oppose à l'évolution*, Paris, 1899という著作のなかで、アンドレ・ラランドがすべては死に向かうと主張したことに対しても、ベルクソンは『創造的進化』第三章の註で「しかし、無機物の側からでさえも、我々は太陽系の現在の状態から引き出された考察を宇宙全体に広げる権利はあるだろうか。死んでいく世界のそばには、生まれていく世界がある。」(EC 247–248) と述べている。

これは、ボルツマンの宇宙像に近いのだが、そうすると非可逆性に実在を与えたベルクソンの主張と整合性が取れなくなる。ではどのように理解すればいいのか。鍵は、ボルツマンの議論の後で述べられる「しかしながら我々の考えによればこれらのエネルギー〔エントロピーの低さ〕は、そこ〔空間外のプロセス〕にこそ求めなければならない。」(EC 245) という一文にあると思われる。

ここからは、我々のベルクソン解釈になるが、「空間外のプロセス (un processus extra-spatial)」というのは、おそらく、宇宙全体の『上昇』(«montée») を司るものであり、それは、宇宙が有する潜在性とでもいうべき領域だろうと考えられる。この潜在性が衝力を伝えるため、非可逆性は実在的なのである。では、これとボルツマンの説はどのように接合可能なのか。ボルツマンの宇宙像は、全宇宙は熱的死に達し、エントロピーの低い所

(25) エルカナは上述の論文で、ボルツマンの研究の原動力の一つとして、ダーウィンの進化論を挙げている。力学的還元主義を放棄し、エントロピーを確率法則と見なしたときに、「すべてのものに適用される最も根源的なプロセスとしての進化の観念がここでボルツマンの科学的リサーチプログラムの核に加えられた。」(ELKANA, 1974b, p. 264) としている。cf. *ibid.*, 272。

(26) 「実をいえば、エネルギーがカルノーの法則によって下降し、かつ、逆方向の原因が下降を遅らせることができる所ではどこでも生命は可能である。」(EC 257)

(27) この二つの主張は、特に非可逆性の客観性と確率解釈の時間の非対称性については、一見両立不可能なものに見える。ベルクソン自身も問題を形而上学のレベルに棚上げしてしまっているので、我々もこの問題にこれ以上踏み込むことはしないが、過去の低いエントロピーが説明できるならば、解決の一端になると思われる (cf.西脇 四二五)。

と高い所が局地的に存在するというものである。これに対しては、我々は次のように考える。すなわち、ベルクソンの論では宇宙全体は『上昇』が『下降』にそのリズムを押しつけているのだが、局所的に『上昇』が優勢な所[28]と、『下降』が優勢な所――例えば、観測の示すところでは、生命がエントロピーの向きを反転することはできない我々の世界のように――とが生じるのである。このように考えれば、全体的に宇宙は非可逆的に進化しつつ、局所的には『上昇』と『下降』が相争うことが可能になるだろう。

以上は我々の解釈である。ここでのベルクソンの議論に関していえば、仮説を立てて綿密に検討するよりは、どちらかといえば、仮説を比較して、さらにアイデアを飛翔させるような仮説形成的側面が強いということを指摘できるだろう。ただし、単に発想が拡散して終わったわけではなく、本章の冒頭に見たように、このような思考を経て、持続概念のなかに、『試論』では含まれていたものの、明記されることのなかった非可逆性という性質が、『創造的進化』以降、はっきりと持続の重要な性質として描かれるようになるのである。「この還元不可能性、この非可逆性を思い浮かべるためには、思考の根本的要請に答える科学的〔力学的〕習慣を中断し、知性の本性的な坂道をさかのぼらねばならない。ここにまさしく哲学の任務がある。」(EC 29–30)

さて『創造的進化』第三章では、エントロピー概念と並んで、偶然性の概念が大きくとりあげられている。両者はボルツマンのエントロピーの確率論的解釈では切り離せないものであり、また力動論と偶然性の問題は深く結びついた問題であった。したがって、次章では、この偶然性という概念がベルクソン哲学と実証科学の関係に占める位置や、果たす役割を見ることにしたい。

(28)「私は諸々の世界〔宇宙の局所的領域〕が同時に構成されたものではないことを知っている。なぜならば、今日でもいくつかの星雲が濃縮の途上にあることを観察は示すからだ。」(EC 249)

第五章　偶然性概念と階層の問題

一．偶然性概念の分類 —— 三つの偶然性

前章では非可逆性概念をどう扱うかを巡り、生命と物質が関係づけられる過程を見てきた。本章では、この生命（あるいは精神）と物質の関係を偶然と必然、因果と目的という観点からもう一度整理し直し、そこに科学的な階層の問題が関わることを見ていきたい。そこで議論を開始するにあたって、まず偶然性概念の分類を行いたい。それというのも、偶然性という概念は、きわめて多義的な概念であるので、事前に整理をしておく必要があると思われるからである。『偶然性の問題』を著した九鬼周造が引用するように（cf. 九鬼 五九）、そのことは、ベルクソン自身も「偶然（le hasard）を定義しようと試みると精神は異常な揺れ動き（le singulier ballottement）」（EC 235）を示すと述べている。ただし、様々な偶然性概念のうち、本論で問題になるものは、因果性と目的性に関わる目的々偶然（hasard）と因果的偶然（contingence）という二つの概念にすぎない。では、こ

の二つの概念はどのような関係にあるのか。九鬼周造がこの区別を説明しているので、我々もそれを確認することから始めたい。

　まず九鬼は、「偶然とは必然性の否定であったから、因果的必然性と目的々必然性とに対して、そのおのおのの否定として、因果的偶然性と目的々偶然性との二つがあるはずである。」（九鬼　五三）と二種類の偶然性を規定する。

　次にこの四つの概念の関係については、「およそ機械観はその徹底した形においては因果的必然性のみより認めない。したがって因果的偶然性の存在の余地はない。しかし、目的々必然性を否定し、その結果として、目的々偶然性を承認する。……それに反して、目的観が徹底的な形をとった場合には、目的々必然性によってのみ一切を説明しようとする。したがって目的々偶然性は存在しない。……この意味において、因果的必然性は目的々偶然性と結合しやすく、目的々必然性は因果的偶然性と結合し易い。」（九鬼　五五―五六）とされる。目的観の徹底的な形の例としてはキリスト教神学などが挙げられるが、九鬼周造はこれらの結合を異種結合と名づける。これに対して、目的々必然と因果的必然の結びつく徹底的な決定論や、因果的偶然と目的々偶然が結合した一義的な非決定論も考えられ、九鬼はこれを同種結合と呼び、前者はストア派、後者はエピクロスを該当させている。

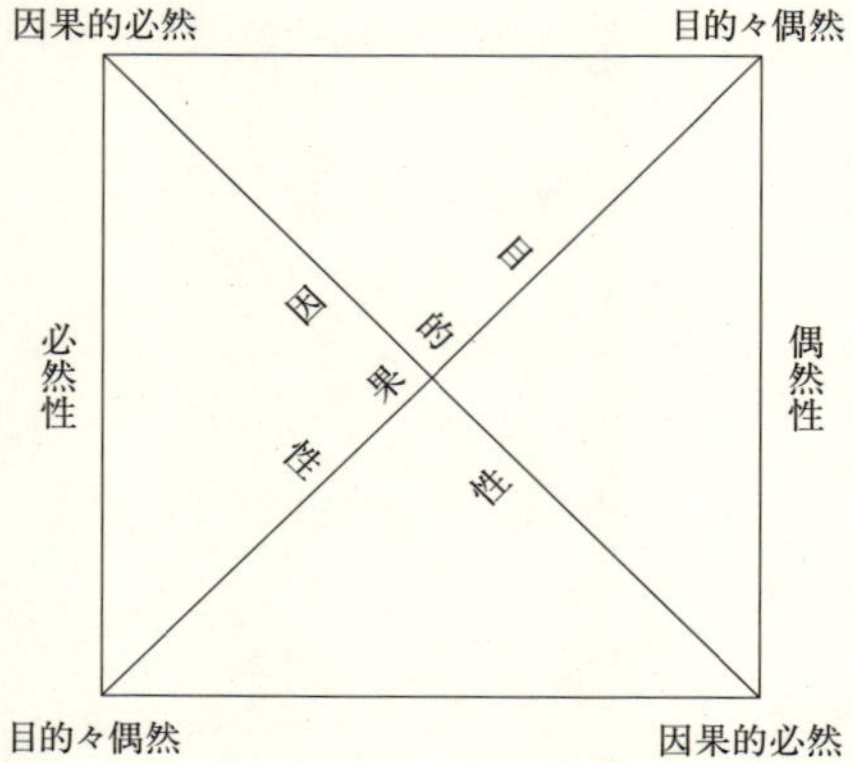

このように整理すると、偶然性には三つの種類があることになるだろう。（一）目的々必然と異種結合した因果的偶然、（二）因果的必然と異種結合した目的々偶然、（三）目的々偶然と因果的偶然の同種結合の三つである。

九鬼は、ライプニッツが（一）を contingence、（二）を hasard と呼んで区別したと述べ[1]（しかし、必ずしもこの用語法は一般に浸透しているわけではなく、ベルクソンも hasard や contingence を（一）（二）（三）いずれの意味にも用いていることには注意が必要である。ただし彼はこの三つの偶然性を事柄としては注意深く分類している）、このような用語法を受け継いでいる哲学者として、エミール・ブトルーを挙げている。ちなみに、イアン・ハッキングは『偶然を飼いならす』のなかでブトルーやルヌヴィエを、「決定論の侵食」を行った先駆的存在と見なしている。我々にとって重要なことは、彼らの哲学がベルクソン哲学に影響関係があったということであり、以下の論考では、ブトルーに焦点を絞り、彼がいかにして上で見た目的々偶然と因果的偶然を位置づけ、またどのように「決定論の侵食」を行ったのかを見ていくことにする。

（1）「ライプニッツは偶然に contingence と hasard を区別した（Leibniz, *Opera philosophica*, ed. Erdmann, p. 763）。contingence とは自由や自発性と一群をなすものとされているから、目的々必然と異種結合をしている因果的偶然と見て差しつかえない。また hasard は強制力や絶対的必然性と同類として取り扱われているから、因果的必然と異種結合をしている目的々偶然と見てよい。」（九鬼 五八）さらに、ブトルーは（三）の目的々偶然と因果的偶然の同種結合を気まぐれ caprice と呼んでいるように我々には思われる。

二　ブトルーの哲学 —— 偶然性と階層

ブトルーの哲学はどのような土壌の上で成立したのだろうか。これに関して、ブトルーの著書『自然法則の偶然性』の訳者である野田又夫は、その訳書の巻末の解説で「十九世紀の科学的実証論を足場にして、[2] アリストテレス主義によって唯心論を展開するもの」(ブトルー　三二九)とその哲学的立場を説明する。これを敷衍すると、コントの数学から社会学までの実証主義的分類と「自然そのもののなかに生命や自由の萌芽を見出して連続的に人格的世界にいたろうとする」(同　三一八)ようなライプニッツの考え方が合体した哲学である、といえるだろう。実際に、『自然法則の偶然性』では、必然性(量・抽象)、存在(質と因果性)・類(論理学)・物質(数学と力学)・物体(物理学と化学)・生物(生理学)・人間(心理学と社会学)という階層が分けられ、ブトルーはそれぞれの階層を分析していく。重要なことは、この階層と偶然性がブトルーの議論では本質的に結びついているということである。ここではすべてを検討する余裕はないので、存在と類の階層の議論を一部確認して、まず偶然性と決定論の関係について、次に目的々偶然と必然的偶然の関係についてどのように論じられるのかを見ることにする。

まず存在(質と因果性)の階層で、ブトルーは現象間にある原因―結果の因果関係に必然性が成立するか、という問題を立てる。そして分析・演繹的必然、ア・プリオリな総合による必然、帰納の一般化による事実的必然という三種類の必然性をあげ、そのどれもが、実証科学では絶対的には実現されないことが論じられる。その論拠の一部になるのは、実験が与えるのは確定した現象ではなく非確定的な近似値でしかないこと、そしてたとえ現象が確定して見えるとしても、それは我々が粗視化を行うためであるということである。

すべての実験的確証は、結局のところ、諸現象の測定可能な要素の値を、できる限り近接する二つの限界内に狭めるということに帰着する。現象が事実上どこに始まりどこに終わるかという正確な点に到達することは我々には不可能である。……我々が見るのは、いわば事物の容器であって、事物そのものではない。その事物が容器の内に定まった場所を占めているかは知ることができない。現象がある程度、非決定的であって、その程度が我々の粗大な評価の範囲をどうしようもなく越えてしまっているならば、現象の外見は依然として我々の見た通りと変わらないであろう。（CLN 24）

ブトルーは、このような測定の条件をもちだし、量は質（＝事物そのもの）から抽象されるか、理想的極限にすぎないので、量は質そのものでないことを主張し、この質の非決定性を偶然性に直結させる。ブトルーはこのようにして、因果性が偶然性を受け入れる余地が生じることを示し、(3) 決定論を掘り崩していくのである。

では、ブトルーはこの存在の階層で確保される偶然性を、どのような種類の偶然性と見なすのだろうか。まず、九鬼周造の言葉を借りていえば、この偶然性は因果性の否定であるので、因果的偶然である。すると、この因果的偶然は、目的々必然と異種結合をしているのだろうか、それとも目的々偶然と同種結合をしているの

（2）野田又夫は、ブトルーの科学的実証論の展開について次のようにまとめている。「ブトルーの科学に対する理解と評価とは、前代同時代の科学論者をしのぐ広汎な思想史的展望のもとに適切に行われた。それは本書及びソルボンヌにおける講義『現代の科学ならびに哲学における自然法則の観念』をみれば明らかである。フランスにおける科学特に実証論的考察、したがってまた歴史的研究は、このブトルーの試みの後に、その刺激を大いに受けて、躍進をとげたのである。デュエムやポアンカレなどがそれである。これはブランシュヴィックの指摘した通りであると思う（ブトルー「デカルトにおける永遠真理について」仏訳、序文）。」（ブトルー 三二一—三二二）

（3）「したがって存在の最も基本的な諸形式までも、現実存在そのものの不可欠の条件として何らかの質的要素が存在する以上、……具体的で実在的な世界では、いずれの場所でも、因果性の原理が厳密には適用できないと認められる。」（CLN 26）

だろうか。これを見るためには、存在の階層の一つ上である類〔論理学〕の階層を見なくてはならない。

まず、ブトルーは第三章「類について」のなかで、存在の階層と類の階層という段階間の結びつきが必然的でないか、また類の階層の内部の結びつきが必然的ではないか、という二つの問いをたて、いずれも結びつきは必然的とはいえない、つまり偶然であることを示す。そのうえでブトルーは「ところで、原因は、それだけで捉えた場合、調和か無秩序かは無差別的である。すなわち諸々の原因は、放任しておけばただ相互に争い合うばかりで、目的々偶然（hasard）の生むのと同じ結果を生む。……しかしながら、原因が〔高次の原理の〕導き（une direction）をある程度まで受け入れるのであるのならば、概念〔類の階層〕の力は無効果ではない。」（CLN 42）という議論を展開し、物質や生物の秩序や調和のあるところには、そこに目的性や高次の導く力を認めるのである。ただし、この導く力は、ライプニッツの予定調和のように神が措定するのではなく、偶然性のただなかから生じると考えられている。「論理的形式は、存在をいわば質料とする創造によって存在から生まれ出たのでありながら、今度は存在に働きかけ、いっそう深く存在に浸透することができる」（CLN 41）と述べられ、さらにブトルーは法則の可変性や創発性まで示唆するのである。

このように、ブトルーは、因果的必然の否定と、因果的偶然と目的々必然の異種結合というこの二つの方針を、各段階に適用していく。結論部でも、まず、保存則が量的な近似でしかないこと、そして「故に存在の保存の法則は偶然的である」（CLN 136）ことが示される。[4] 次に何かが必然的に保存されているだけでは階層的な秩序が生じないことから、保存則に加えて変化の原理が並置され、[5] この変化の原理が hasard ではなく、contingence の原理であると結論づけられるのである。[6] このようにしてみると、ブトルーの哲学的世界観は、（一）の因果的偶然と目的々必然の異種結合で隅々まで貫かれたものであり、それによって決定論の崩壊を進めたとまとめることができるだろう。偶然性から階層的秩序が生成し、下の階層の偶然性を上の階層の目的性が導くことで、それらの階層が可能になるのである。

このように重要なのは、上の層には下の層に還元されない何らかの新たな要素が生み出され、この新たな要素が今度は下の層に働きかけるために各階層が成立・維持されるとブトルーが考えていることである。そして、これが可能になるのは下の層から上の層が因果的必然的に導出されることはなく、両者の層の関係には因果的偶然性が許容されているためである。こうしたことから、ブトルーの考えでは因果的偶然性（および目的々必然性との異種結合）と階層が不可分に結びついているのである。

さて、これより後の一八九五年のブトルーの著作『現代の科学および哲学の自然法則に関する考えについて』では、前章で扱った力学の可逆性と熱力学の非可逆性が偶然性と階層の問題に関連づけられているので、確認しておこう。

摩擦などを除いた理想的な力学の段階では、エネルギー保存則から運動方程式を導くことができ、また初期

（4）「そうしてみると、『何ものも失われることなく、何ものも創られることなし』というかの古来の格言は絶対的価値をもたないことになる。相互に非還元的でしかもすべてが一様に永遠の昔から在るのではない諸々の世界の階層が存在するというそのことが、上の格言に対する第一の背反である。そしてこれら世界そのものの内部で完成または衰退が可能であること、これが第二の背反である。」(CLN 139)

（5）保存則と並んで、変化をおくこの発想は、スペンサーが力の保存則と並べて、進化の法則をおいたのと類似点が指摘されるだろう。ただし、ブトルーにあっては、この変化の原理は、質的変化の原理、絶対的変化の原理ともいわれ、最終的には観察不可能な創造の原理という形而上学的なものへと帰着させられる。

（6）「決定原因の系列中（la série de causes déterminantes）にある程度まで偶然性（la contingence）が支配するのではないならば、目的原因の系列中（la série de causes finales）には盲目的偶然（le hasard）が支配することになるであろう。なぜならば、現象の継起のなかに或る程度の偶然性を導きいれるのはまさに目的性そのものだからである。……しかし実在の奥深く浸透するにつれて、質的決定性が増加し、同時に抽象的で宿命的な秩序の減少そのものと比例して、価値や効能や真の秩序が増加するのが見られる。そうすると、世界を動かす不可視だが存在している魂を、盲目的偶然と同一視することができようか。」(CLN 143–144)

条件を与えることができれば、全時間にわたり運動が決定され、このとき過去の出発点を忘れることはない（可逆性）。しかし、他方で物理学のレベルに移り熱現象などを入れると、「仕事が存在するたび、熱の発生とともに初期条件の修復不可能な損失（perte irréparable de la condition primitive）が起こる」（ILN 54）ので、現象は非可逆的（irréversible）になってしまう。ブトルーはこの非可逆性は、物理学が熱という質を扱うことによって生じたのであり、「したがって物理法則は力学法則に還元できない。それは新しい質という要素が介入するからである。しかし、それはスコラの質ではもはやなく、分化と異質性の要素なのである」（ILN 54）と述べる。このように、力学的階層から物理学の階層に移ると新たな要素が出現し、この出現は力学の必然性からは説明ができないのである。

以上のようにブトルーは実証科学に基づいて、偶然性から階層性が導かれる過程を描きだす。(7) もちろん実際にはこの非可逆性が客観的なものかはこの後議論が続き、確かにこれだけで決定論が崩壊したとはとてもいうことはできない。しかしここで再び注目しておきたいのは、ブトルーが（一）目的々必然と因果的偶然の異種結合の組み合わせを擁護し、（二）因果的必然性と（三）純粋な偶然性に反対するということである。ここで（二）ではすべての階層が必然性に、（三）ではすべての階層が偶然性に還元されるのに対し、（一）ではそのような単純な還元は退けられ、階層ごとに何らか新たな要素や性質が出現し、階層間の関係は単なる必然や偶然には組み尽くされない本質的な多様性が担保される（これがここで用いられる階層の本義である）ことを指摘しておきたい。そしてこのような三つの偶然性と階層の枠組みは形を変えながらもベルクソン哲学に引き継がれるのである。

三. ベルクソン哲学と三つの偶然性概念

前節までで、我々は九鬼周造の偶然性の分類を用いて、ブトルーの哲学を概観してきた。では、ブトルーのなかに現われる偶然性概念は、ベルクソン哲学にどのように取り入れられ、改変されているのか。我々は、それを『試論』以前の著作から『創造的進化』まで通覧することにしたい。それにより偶然性というベルクソンによってときには厳しく批判されてきた概念が、ベルクソン哲学と科学の関係のなかでどのような位置を占めるかということを明らかにすることが本節の狙いである。

(一) ルクレティウスと自然発生説 ── 『試論』以前の著作

ベルクソン哲学と偶然性の関係を扱うにあたって、ベルクソンが最初期に残している哲学的論考「ルクレティウスの抜粋」に触れずにいることはできないであろう。九鬼周造の分類でも見たように、ルクレティウスやエピクロスは因果的必然も目的々必然もともに否定する(三)の因果的偶然と目的々偶然の同種結合、完全な非決定論と偶然への還元を擁護する哲学である。さて、ベルクソンのこの論文で偶然性概念がとりわけ強調されるのは、ルクレティウスに至る原子論の系譜でエピクロスの哲学が説明されるときであるが、興味深いことに、ベルクソンはそこで一種の宇宙生成論を取り上げている。

(7) ハッキングはブトルーのこうした議論の結果たどり着くのはパースの絶対的偶然の世界であり、「まったくの偶然としての進化過程のなかで、法則が創発するという世界である (a world in which law emerge in an evolutionary process that is entirely contingent)」(HACKING 158) と述べている。

> 原子は左や右によったりわずかにそれたりする。これが傾斜運動（la κίνησις κατὰ παρέγκλισιν（*clinamen*））を構成する。この傾向はいかなる法則にも従わず、予見されない。それは原子の気まぐれ（un caprice）である。……それゆえ、たやすく世界の形成が説明される。原子は遭遇し、衝突し……回転や渦巻き運動を生じさせる。そこから原子の集塊が生じ、その各々が……世界をつくる。……
> ……大地はまず植物を生み、次に動物を生んだ。器官の驚嘆すべき配置に驚いて生物の産出を叡知的原因に帰すべきか。その必要はない。物質の法則がすべてを説明してくれるから。というのも原子は常に運動し、絶えず離合集散するので当然無限の世紀の間にすべての可能な組み合わせを与えることに注目しよう。……偶然（le hasard）のみが他の無数の組み合わせと同様に、秩序といわゆる自然の知性を生み出したのだ。（M 281–282）

非常に長い間の時間がたてば、あらゆる原子の組み合わせが尽くされ、この原子から動植物が生まれ、知性をもつ人間や社会秩序ができるというエピクロスやルクレティウスの説を描くこの筆致は、ボルツマンの原子論やダーウィンの進化論を思わせて興味深い。[8] また、この論文ではダーウィンとルクレティウスの類似について軽く触れられている。

（二）自由と偶然性 ――『試論』

以上で見たような（三）の非決定論的な偶然性は、『試論』第三章の自由の議論のなかで、目的性を欠き、因果的必然性からも解放された、伝統的には無差別の自由として、形を変えて現われているように思われる。そこで彼はこの偶然性を「自由の真に機械論的なこの考え方（cette conception véritablement mécaniste de la liberté）」（DI 133）と呼んで批判している。この偶然性は、「意識事象の系列MOを走破

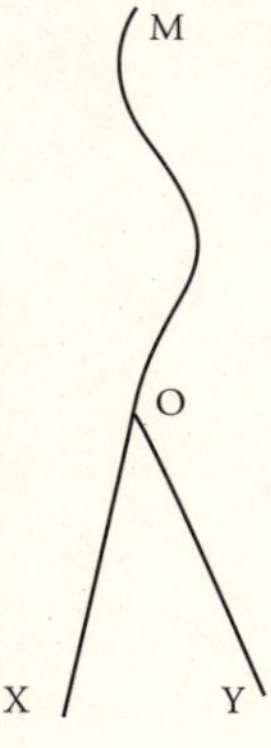

した後で、O点に到達し、等しく開かれた二つの方向OXとOYを前にしている自我が表象される。」(DI 132–133)というように、図に描かれたXとYを前にして、無差別に選択できる可能性として描かれている。そしてベルクソンはこの図式や記号化を、「この粗雑な記号化は、果たされた行動の偶然性(la contingence)をそのうえに根拠づけると思われたのであるが、……かえって、その行動を絶対的な必然性として確立してしまう」(DI 134)と主張する。すなわち、この図式化こそが、自由の擁護者と敵対者の論争を解決不可能なものにするのみならず[9]、結局は、持続を空間化することで、真の自由を見失わせてしまうという、本書第二章で見た『試論』の根本テーゼがここにも現われているといえるだろう。このように空間化され、分岐された道を選択するという盲目的な無差別の自由としての偶然性は、『試論』では機械論と呼ばれるとともに、持続の空間化・記号化の一例として厳しく批判されるのである。

それに対して、『試論』第三章では、もう一つの偶然性が、力動論あるいはライプニッツの哲学とともに姿を現す。これは、(一)の目的々必然と異種結合をする因果的偶然であり、それは「自然のなかにまで偶然性(la

(8)「このようにして現代科学は、原子理論より帰結を引き出し、その帰結を実験により検証することで、デモクリトス、エピクロス、ルクレティウスの仮説に輝かしい確証を与えるに至った。
他の点に関して、とりわけ生命の起源の問題に関しては、ルクレティウスがいかにして現代の偉大な理論の予感をもっていたかを示すことは容易である。第五巻で述べられている考えと、偉大な自然学者ダーウィンとの類似は一度ならず注目されてきた。我々はこの類似を記すに留め、力説はしない。生物変異説(le transformisme)は今日ではまだ一つの仮説なのだから。」(M 292)

(9)「知らぬ間にあなたにつきまとっているこの粗雑な記号を無視すると、あなたは決定論者の議論が『行為は、一旦果たされてしまうと、果たされてしまったのだ』という幼稚な形をとり、その敵対者は『行為は、果たされる前には、まだ果たされていなかった。』と返答している。言葉を換えていえば、自由の問題はこの議論の後でも手つかずのままなのだ。」(DI 137)

contingence）をおくために……自由を擁護する（sauvegarder la liberté）」（DI 162）と述べられる。しかしその一方で、ベルクソンはこの力動的な因果的偶然を、ライプニッツのような仕方で、目的々必然（予定調和）に厳格に従わせてしまうと、決定論に陥ることを指摘している。[10] これはのちに『創造的進化』第一章で指摘されるように、すべてが与えられていることを想定している点で、逆立ちした機械論にほかならず、結局は、徹底的な目的論として批判されるに至るのである。

そうとはいえ、『創造的進化』でも、自らの立場を目的論に近いと述べるように、このタイプ（一）の偶然性が何らかベルクソンの持続概念と関わりがあることは間違いないだろう。このように、『試論』では、（三）の機械論的な偶然性と（一）の力動論的な偶然性がともに見出され、それらが（二）の因果的必然と異種結合をした目的々偶然（機械論的決定論）と対比されていると整理できる。

（三）物質と偶然性 ──『物質と記憶』

すでに『試論』でも力動論の考えのなかに、ブトルーの物質の偶然性に似た考えが、現われていることを注目したが、『物質と記憶』ではさらにその類似が前面に出ることになる。我々は、ブトルーが『自然法則の偶然性』のなかで存在の段階で、計測を逃れるような微小な非決定性をもつ質を認めていたことを見たが、『物質と記憶』でも、まず物質の運動は「自身の存在をしばしば計算不可能なほどの多くの瞬間へ分かちつつある、いわば内部で振動する質そのもの」（MM 227）と呼ばれている。そしてこの物質の振動は、「より緩慢なリズム」（MM 228）、「細分化された持続」（MM 234）と呼ばれ、それどころか、「具体的な運動は意識と同様に自分の過去を現在へと継承発展させ、反復によって可感的な質を生み出すことができる」（MM 278）といった仮説までも示されることになる。本論第三章で見たように、神経系は非決定性の座として、意志の非決定性が反映される場と見なされていたことは確認されたが、ではこの『物質と記憶』第四章では、ブトルーのように、物質にまで目的々必然と異種結合した偶然的偶然を認めるのであろうか。

『物質と記憶』の結論の最終部では「我々の持続と事物の流れのリズムの差は甚だしいので、最近の哲学によって非常に深く研究された、自然のプロセスにある偶然性は、我々にとっては必然性と等価なはずである。」(MM 279) と述べられている。白水社全集『物質と記憶』の訳註にもあるように[11]、この最近の哲学とはブトルーの哲学のことを指していると考えられる。ベルクソンは、このような権利上、あるいは潜在的に物質が持続やそれに伴う目的性をもつとしても、物質は事実上、必然的であるということを次のように説明している。「我々がすでにいったように、この自然〔物質〕は相殺され、したがって潜伏的 (neutralisée et par conséquent latente) な意識、たまたま現われようと思ったまさしくその瞬間に、互いに妨げあって、消滅し合うような意識として考えることができる。」(MM 279)

したがって『物質と記憶』では、ブトルーの偶然性に接近する半面で、物質は権利上もっている目的性を相殺し合うことで剥奪され、盲目的な偶然に陥るという二面性をもたされていると整理することができるだろう。

---

(10) この点については力概念に関して論じた本論第二章でも触れたが、ベルクソンは、「ライプニッツのモナドの知覚はもはや必然的に決定し合うことがないので、神が前もってそれらの秩序を調整しておくことが必要となった。ライプニッツの決定論は、予定調和を認める必要性に起源があるのであって、因果関係の力動的な考えにあるのではまったくない」(DI 161) と述べる。

(11) ベルクソン全集第二巻、『物質と記憶』田島節夫訳、二九三ページ。

(四) 偶然性への批判 ――『創造的進化』

我々はこれまで、ベルクソン哲学のいろいろな場面に偶然性が姿形を変えて現われるのを見てきた。しかし、これまでとまったく調子が変わった主張が『創造的進化』第三章で行われる。それは、徹底的な無秩序への批判、そしてそれに伴う偶然性への批判である。九鬼周造が偶然性を必然性の否定で規定したように、偶然性のなかには否定の概念が入っているが、ベルクソンが否定や無を含む概念 ―― 他には可能性概念など ―― を非常に厳しく自らの哲学から排除しようとしたことは知られている。偶然性のどのような面が批判され、何を目的として議論が進められているのかをまず見ることにしたい。

まず、無秩序とは、一方の秩序を期待したとき別の秩序に遭遇した精神の失望や動揺を示すものであるにもかかわらず、無秩序が客観的に存在するように錯覚することから認識論上の誤謬が生じるというのが、ベルクソンの無秩序に対する基本的な批判である。[12] それではこの批判に伴い、偶然性への批判はどのようになされるのだろうか。ベルクソンは、偶然性の定義は二つの秩序の間を揺れ動き、「作出因も目的因も求められた定義を精神に与えることはできない。一方の定義は他方の定義を参照するので、精神は、自らを固定することができずに、目的因の欠如と作用因の欠如を揺れ動く。」(EC 235)と指摘する。こうして偶然性は、他の秩序との関係ではなく、「それ自身の不在との関連で偶然的である」(EC 237)と見なされるようになり、「私はヒエラルキーの頂点に生命的秩序をおき、次に生命的秩序の減少したものや複雑さの低いものとして幾何学的秩序をおき、その上に秩序が積み重ねられるような秩序の欠如、一貫性のなさ(incohérence)そのものを、最後に最も最下層におくだろう」(*ibid.*)ということになる。

ベルクソンはこれに対して、偶然性が根底にあってそこから様々な偶然性の度合い(des degrés)をもった幾何学や生命の秩序が出てくると考えるべきではなく、まず生命的秩序と幾何学的秩序という二つの秩序があって、その間の揺れ動きから偶然性がでてくると考えるべきだと述べる。[13]

まず、ベルクソンの偶然性批判の最初にあるのは、目的性の否定と因果性の否定を精神が揺れ動いた結果、秩序の根底に偶然性をおくというステップである。ここで批判されている偶然性とは、二つの秩序の否定とされることから分かるように、因果的偶然性と目的々偶然性の同種結合としての偶然性である。ここには、明らかにまったくの偶然から秩序を組み立てる（三）の立場が対立仮説として念頭に置かれているといえるだろう。

次に、ベルクソンはこの根底に置かれた偶然性が、二つの秩序の区別、すなわち階層性を曖昧にし、それらの秩序の相反する関係を解体するというステップを批判する。すなわち、この批判は幾何学的秩序と生命的秩序を判別し、とりわけ生命的秩序の反転（inversion）や中断（interruption）が幾何学的秩序であることを示すのを狙いとしている。[14] すると、このことはまた、生命的秩序の特性を守り、幾何学的秩序に還元するのを防ぎ、両秩序間の階層を守るという点で、目的々必然と因果的偶然の異種結合（ただしベルクソンは目的性については慎重な態度を示すが）を擁護したブトルーの考えと同形であり、目的性を排し、偶然性によって生命進化を説明するダーウィンの進化論（結局、すべては要素の組み合わせで説明される）と対立することになるだろう（この点

---

(12) 「無秩序の観念とは、自らの必要としている秩序と異なる秩序、当面自分に関わりのない、その意味では自分にとって存在しない秩序を前にした精神の失望を、言語の便宜上、客体化したものだろう。しかし、この観念は理論的な使用にはたえないだろう。あえてそれを哲学に導入するなら、その真の意味はまちがいなく見失われるだろう。」（EC 223）

(13) 「まず一貫性のないものがあって、次に幾何学、生命があるのではない。もっぱら幾何学と生命があり、次に両者の間を精神が揺れ動いて一貫性のなさの観念がでてくるのである。無秩序な多様性がまず存在し、そこに秩序が付け加わると語るのは、正真正銘の論点先取を犯している。無秩序なものを想像することで、実は一つの秩序あるいは二つの秩序を立てているからである。」（EC 237）

(14) 「この長い分析は、いかにして実在が緊張からひろがりへ、自由から力学的必然性へ、反転（inversion）という手段によって、移行するかを示すために必要であった。」（EC 237）このように、無秩序や偶然性の批判は、二つの秩序が相反的に結びつき、幾何学的秩序が生命的秩序の反転であることを示すために行われている。

については次章で詳しく見ることにする)。

では、ベルクソンとブトルーの偶然性概念の違いはどこにあるのだろうか。まずブトルーが、物理学は力学に還元できず、ひいては物質が偶然性をもち、目的性を受け入れることを強調することは先に見た。すなわちブトルーの世界観は(一)の目的々必然と因果的偶然の結合が隅々まで行きわたっているような秩序を想定している。ベルクソンも、物質が単に必然的決定論に従うのではないという点では同様だと思われるが、ここでまさに物質が歩む方向が問題になる。『創造的進化』では、エネルギーの散逸により物質はそのままでは目的性に向かうことなく、まったく正反対の質の低下と無秩序へ落ちていくことをベルクソンは強調する。生物の目的性に対して物質は障害となり、しかも「生命にはカルノーの原理で決まる方向から物理変化を逆転させる力はない」(EC 246)のである。すなわち、ブトルーが物質を(一)の目的々必然と因果的偶然の異種結合で、物質が目的性を受け入れる余地を残している点を強調するのに対し、ベルクソンは物質それだけでは、(二)目的々偶然を示し、因果的必然へと低落していくことを強調するのである。ここには、前章でみたように『創造的進化』で行われたエントロピー概念の導入の影響が深く影響していることを指摘できるであろう。すなわち、ベルクソンは生命的秩序に(一)の傾向、物質的秩序に(二)の傾向を割り当て、(一)と(二)の二つの秩序を組み合わせて、(三)の無秩序に対立させているとまとめることができる。これに対してブトルーは(一)のみで秩序を構成するのである。

我々は、ベルクソンの偶然性批判を見てきたが、彼は『創造的進化』では、因果的偶然と目的々偶然を否定して、両者を二つの秩序へ、すなわち因果的偶然を目的々必然(あるいは生命的必然)へ、目的々偶然を因果的必然へと還元させてしまうように思われる。それでは、『創造的進化』に至って、ベルクソン哲学は、因果的必然と目的々必然の必然性の同種結合、九鬼周造の分類ではストア派の決定論[15]——に行き着いてしまったのだろうか。そして、結局のところ偶然性はベルクソン哲学のなかに実在しないといえるのだろうか、という点を最後に考えてみたい。

確かに、幾何学的秩序と生命的秩序の二つが分節化され、切り分けられてしまった後では、各々の秩序のなかに偶然性を見ることはできないだろう。しかし、この二つの秩序が相反的に結びつき反転として捉えられていたことに注意すべきである。これは、二つの秩序が切り分けられた後でも、また再度、反転によって秩序の切り分けが仕切り直される可能性を意味する。こうなると、二つの秩序が分化する以前と以後はそれほど明確な区別がつけられないことになる。この二つの秩序が未分化の状態を潜在性として捉えると、潜在性から二つの秩序が分化してくるプロセスは、何かしら目的々偶然や因果的偶然では捉えられない偶然の相が含まれているように思われる。つまり、目的性と因果性の配分や取り分を決定する際に何かしら偶然が関与しているように思われるのである。このような偶然がないとしたら、生命的な秩序も結局は前もってできあがった徹底的な目的論と変わらないものになってしまうのではないだろうか。

もしこの配分が決定され、動かせないものだとしたら、確かにベルクソン哲学はストア派的決定論に彩られるかもしれない。しかし、そのようにベルクソンが考えていないことは、前章で確認した通りである。例えば、我々がいるこの宇宙の局所的領域は、生命の努力がエントロピーの向きを反転できないほど「下降」が優勢で、因果性の取り分が大きいが、かといって、ベルクソンが万物が死に向かう宇宙論を肯定しないのは、全宇宙にはまだ目的性と因果性の取り分が決定していない潜在的な領域が控えていると考えるからであろう。こ

(15) この点に関しては、ジャンケレヴィッチがその著書の自由の章の最後で次のようにまとめているのが有名である。「さらに、このように考えられた自由は、プラトン、ストア派、スピノザが理解していたように、同時に無関心と決定論とのいずれにも対立する有機的な必然性であるといえよう。これが賢者の自由だ。」(HB 79)

の取り分や配分は、生成や持続のなかでしか決まらず、したがってどちらの取り分が大きくなるかという闘争は未来に開かれているのである。このような偶然の相が、空間内の組み合わせで決定されるような偶然とは異なり、持続と一体化した偶然であることは明らかだろう。つまり、次章で見るように目的性と生成の関係が問われねばならない。この宇宙のただなかに生成に開かれた目的性と盲目性のせめぎあいが存在するという意味で、ベルクソン哲学にも偶然が実在するといえるのではなかろうか。

しかも、『創造的進化』では、生物は開かれた系として次のように定義されていた。「一．エネルギーの漸進的蓄積、二．このエネルギーを柔軟な経路に入れて、その出口に自由行為がある可変的で非決定的な方向へ流すこと。」(EC 255–256) この二の部分は、目的々必然性の内実を表していると思われるが、これは「可変的で非決定的な方向」と述べられるように、目的々必然性の必然性という内実は、端的に定めがたいものなのである。これは先ほどの論点と連関している。潜在性が現実化され目的性と因果性が確定した後では、その目的は何であったかを示すことができる。しかし、ベルクソンが目的々必然性と因果的偶然性の異種結合を前者の必然性へ回収しようとしたところで、それが現実化される前に前もって目的を端的に表現しようとするとどうしても後者の偶然性、あるいは目的の複数性や可変性へ訴えざるを得なくなるように思われる。それは、目的性は前もって与えられないという事情が大きく関わっているが、この問題に関しては次章で、章を改めて論じることにしたい。

さて、一九世紀末の「決定論の侵食」は、単なるエネルギー保存則による決定論的宇宙論からの解放を意味しただけではなく、ベルクソン哲学をより複雑な宇宙論へともたらしたといえそうである。それは生成する宇宙のなかに、一方は熱力学の知見からエネルギーの散逸とともに無秩序へ向かっていく物質の盲目的偶然、もう一方は生理学や発生学の知見から、秩序や階層を形成し目的性を生み出す偶然性が現われる宇宙である。べルクソンは、「何も失われず何もつくられない」という保存則から逃れる力を生命に見る代わりに、我々の存在する宇宙的領域が、圧倒的な盲目性のなかに飲み込まれていくなかで、「分解されるものを横切って自己を生成する一つの実在」(EC 248)として生物をみなすようになったのである。

第六章　目的性概念と生物進化（器官の構造と機能）の問題

はじめに　問題の所在

ベルクソンは『創造的進化』第一章を「生命の進化について　機械論と目的性（Mécanisme et Finalité）」と題し、自らの進化論を位置づけるために、機械論と目的論という相反する立場から生命概念の吟味を行っている。彼は、最終的に自らの立場はどちらの議論も超えるとしながら、後者の目的論を改善すれば、自らの議論と近いと述べる。「第一章では、我々の悟性が所有する二つの既製服、すなわち機械論と目的性（mécanisme et finalité）を進化の過程（progrès évolutif）に試着させてみる。どちらも似あわないが、二つのうち一方は、裁ち直し、縫い直すことができ、新しい形にすれば、他方よりはよいものにできることを我々は示すだろう。」（EC x-xi）

このように、ベルクソンは自らの哲学が目的論に近いことを何度か明言している[1]。しかしながら、のちに見るように、彼が目的論から何を取り入れているのかについてはそれほど明確に示されるわけではない。確かに、目的性概念の否定的側面は明確に規定されているし、またその肯定的側面も、議論の形式だけならば確認できるのだが、形式だけでなくその内実まで理解するのは容易ではないのである。

そこで本章の目的は、ベルクソンの目的性概念、とりわけその肯定的側面の内実を明確にし、それがほかの進化論の仮説とどのように競合するかを明らかにすることである。そのために本論では、『創造的進化』で目的性が扱われる科学的文脈に着目する。それというのも、ベルクソンの目的性概念に内実を与えているのは、のちに確認するように、当時の科学的背景であり、より具体的にいうならば、進化をめぐる生物器官の機能と構造の問題だからである。それではまず、『創造的進化』のテクストを検討し、その目的性概念の否定面と肯定面を確認しておきたい。

一．『創造的進化』の目的性概念 —— その否定的側面と肯定的側面

『創造的進化』第一章では、目的論の否定的側面が明示されたのち、肯定的側面が示唆されるので、前者の確認から始めたい。その否定的側面は二つの種類があり、それぞれ徹底的な目的論 (le finalisme radical) と内的目的性 (la finalité interne) として批判される。

まず、この徹底的な目的論の典型として考えられるのは、ライプニッツの目的論である。この目的論は機械論と対比され (cf. EC 37)、ともにベルクソンが考える生命の本質を取り逃すとされる。それというのも、彼が

考える生命の本質とは、「各瞬間に何かを創造する（à chaque instant elle crée quelque chose）」（EC 29）、言い換えれば、過去（記憶）が現在に流入し、未来に新しいものを創造することなのだが、機械論も目的論も持続や創造を見かけ上のものと見なし、すべてが与えられているという前提に立つからである。[2]

しかし、このような前提は、思考が人工的に切り取った系、すなわち閉じられた系のなかでのみ可能であり、生物や有機体には該当しないとベルクソンは考える。なぜならば、「何かが生きている所ではどこでも、時間が記されるための記録がどこかで開かれている。」（EC 16）と述べられるように、生物や有機体は開かれた系であり、閉じられた系とは異なるからである。ベルクソンは否定すべき目的論の側面として、第一に徹底的な目的論を挙げ、未来にあらかじめできあがった目的を設定するという特徴を明示する。

次にベルクソンが目的性概念の第二の否定的側面として退けるのは、内的目的性（finalité *interne*）の概念であり、これはおそらくカントに由来する概念である。[3] これと対になる概念は外的目的性（finalité *externe*）であり、

（1）「目的論の原理は心理的な本質であり、非常に柔軟である。それは拡張することができるので、広大なものとなり、純粋な機械論を退けた途端に幾分かその原理を受け入れることになる。したがって、我々がこの著作で論述するテーゼは必然的にある程度は目的論の特徴をもつだろう（participer donc nécessairement du finalisme）。」（EC 40）他には、cf. EC 50.

（2）「目的論の教義は、例えばライプニッツにみられるような極端な形をとると、事物や存在はいったん描かれたプログラムを実現するにすぎないということになる。しかし、宇宙に予見不可能なものなど何もなく、発明や創造も少しもないのなら、時間はまたもや無用となる。機械論の仮説と同じく、ここではすべては与えられている（*tout est donné*）ことが前提されている。このようにして理解された目的論は逆向きの機械論にすぎない（La finalisme ainsi entendu n'est qu'un mécanisme à rebours）。」（EC 39）

（3）cf. 藤田 一二六の指摘による。外的と内的という目的性の区別は、カントの『判断力批判』に登場する。カントは「有機的存在者における内的合目的性を判定する原理について」（§ 66）で、「自然の有機的所産とは、そのなかにおいては一切のものが目的であると同時にまた相互に手段となるところのものである」（KANT 295–296）と述べている。なお、ベルクソンがここで述べている内的目的論はカントの規定と微妙にずれているようである。

端的にいえば、それは宇宙全体に調和を見るライプニッツのような目的論を指す。しかし、全宇宙には多くの不調和を経験的に見出せるので、ライプニッツの外的目的性の改訂版として、目的性の概念を一つの生物の個体に限定する内的目的性[4]が出現したとベルクソンは推測する。

ここで、ベルクソンが批判するのは、内的目的性と外的目的性の区別を概念化したカントよりは、内的目的性という概念を実際の生物学で具体化したとベルクソンが考える生物学者たちである。例えばベルクソンはここで、新生気論を唱えるドリーシュらに対して、目的性を生物の個体や一つの種だけに厳密に限ることはできない、と批判する（cf. EC 42–44）。個体を構成する細胞というミクロレベルの方向にも、とりわけ種から種へ進化するというマクロレベルの方向にも生物の目的性は個体を超え出るからである。そして、ベルクソンは「目的性は外的であるか、さもなければまったく何物でもない」（EC 41）と宣言する。つまり、ベルクソンは目的性を個体に限らず、種と種の関係（進化全体）にまで拡大するのである[5]。このように、『創造的進化』の目的性概念の否定面は、（一）未来にあらかじめできあがった目標を設定する、（二）一つの生物個体に目的性を限定する、の二つにまとめられる。

さてその一方で、目的性概念の肯定的側面は、否定的側面ほど明らかに示されない。まず、先ほど見たように、生の哲学は生物界全体に調和を認める点は徹底的な目的論と同じだが、その調和がより漠然としたもので、完全なものではなく（loin d'être parfaite）、多くの不調和を認める（discordances）という点が異なる[6]。次に、ベルクソンは「調和、より正確にいえば『相補性』は、大雑把に状態よりは傾向のなかに（dans les tendances plutôt que dans les états）自らを現すにすぎない。とりわけ（この点で目的論はひどく間違っているのだが）調和は前方よりは後方に（plutôt en arrière qu'en avant）見出される」（EC 51）と述べている[7]。

以上より、ベルクソンの目的性概念の肯定面は、調和や目的への傾向という古典的な目的性概念を引き継いでいる点にある、とまとめられる。しかしながら、肝心なそれらの語の内実は大きく変更されている。おそらく『創造的進化』でベルクソンが目的性概念にポジティヴな評価を与えようとした途端に、その内容が曖昧模糊としたものになってしまうのは、ここに原因があるだろう。なぜなら、調和や傾向という言葉は同じでも、内容が変わっていればそれをクリアに言い表すことは困難を伴うからである。例えば、調和は前もって立てた計画であってはならず、不調和を許すものであり、傾向も「〜への傾向」といえないが、それでもなお傾向としか呼べない何かなのである。このような目的性概念が調和や傾向で規定されるとはいえ、もはやそれが伝統的概念とまったく異質なものであることは明らかであろう。このままではこれらの語は内実を欠いた形式的な語にすぎない。したがって、ベルクソンの議論の流れからすると、この内実は伝統的な目的論を超えた、新たな枠組みでなければ与えられないのである。そして、それは機械論の枠からはみ出すように見える進化の過程

（4）「実はこのテーゼ〔内的目的性〕は、目的性の古い概念〔外的目的性〕を粉々に砕くことに存している。外的目的性があるおかげで、生物がたがいに調和しているという考えでは、人々はそれを受け入れないし、普通はそれを馬鹿にするだろう。言い換えれば、草は牝牛のためにつくられ、ヒツジはオオカミのためにつくられたと想定するのは不条理である。しかし、内的目的性がある。それぞれは自らのためにつくられ、すべての部分は全体の最大善のために協働し、この目的のために知性によって組織化されている。以上は、長い間古典的であった目的性概念である。目的論はもはや一つの生物しか同時に包めないところまで狭められた。」(EC 41)

（5）「個体は生物の始祖とある程度一体であるのだから、この始祖から分岐してきたあらゆる子孫と連帯している。この意味で個体は生物全体と見えない絆でつながっているといえる。生物の個体性に目的性を限ろうとしても無駄である。」(EC 43)

（6）「徹底的な目的論と同じく、生の哲学はより漠然とした形式のもとではあるが、有機界を調和した全体として表すだろう。しかしこの調和は、従来いわれてきたような完全なものとは程遠い。」(EC 51)

（7）「私がいいたいのは、根源のはずみは共通のはずみであり（l'élan d'originel est un élan commun）、上流にさかのぼるにつれ、様々な傾向は互いに相補的になるように見えるということである。それは交差点に吹き込んだ風が様々な流れに分割されたとしても、すべて同じ一吹きにすぎぬようなものである。」(EC 51)

（新しい形の創造）を、古い目的論に戻るのでなければ、どのように説明するのかという問題にかかってくる。(8)

ここでベルクソンが調和や傾向といった語に新たな内実を与えるために、依拠するのは生物学的事実であり、そしてこの事実とは、生物器官の機能と構造をめぐる研究である。のちに概観するように、もしダーウィン流の突然変異と淘汰によって器官が形成されるならば、それらの作用はまったくの偶然によるので、進化の系統が離れるほど器官の構造が類似する確率は小さくなるはずである。一方で、ベルクソンの仮説は、生命が根源で受けた共通の衝力が進化の分岐の末端にも残っているとする（その背景にある科学的・哲学的思想に関しては、我々は第三節で見る）ので、分岐した系統の端にも器官の相似が現われる確率は大きいことになる。彼は次のように問題提起を行っている。

> 拡散する進化の線上で、生命が異なる手段によって幾つかの同一の器官を作ることが確立できるならば、（*la vie fabrique certains appareils identiques, par des moyens dissemblables, sur des lignes d'évolution divergentes*）純粋な機械論は反駁可能になり、我々が理解する特殊な意味で目的性は証明可能になるだろう（*la finalité, au sens spécial où nous l'entendons, démontrable par un certain côté*）。証明力は選んだ進化の線の開き具合や、その線上で見出される相似の構造の複雑さの度合いに比例するだろう。（EC 55）

このように、ベルクソンは生物進化という問題、とりわけ、器官の構造と機能の問題に関して、自らの仮説と他の進化論仮説を対立させるのである。次節では、この問題提起の背景をもう少し詳しく見たのちに、他の進化論仮説がなぜうまくいかないとベルクソンは見なすのか、そして彼自身の説はいかなるものなのかを見ることにしよう。

二．機能か、構造か

前節で我々はベルクソンの目的性概念の肯定面と否定面を見たが、この両面の整理は、いわば、収斂進化という問題提起と密接につながっている。内的目的論を否定する彼は、器官の目的性を個体内部に閉じるのではなく、種と種の比較にまで広げる。言い換えれば、進化の拡散した系統（＝異なる傾向間）の相似器官（＝調和）という収斂進化の上で問題を立てるのである。このように彼の目的性概念は、生物学からその内実を得ている。そこで我々はベルクソンの目的性の概念的布置を得るために、博物学者ジョルジュ・キュヴィエの目的論を概観したい。キュヴィエの目的論は古典的で参照軸として有効であり、『創造的進化』の議論にも関連性があるからである。

キュヴィエは『動物界』のなかで、博物学に特有の原理として生存条件（des conditions d'existence）の原理を挙げ、それを次のように述べている。「それは俗に目的因と呼ばれている。自らの生存を可能にする諸条件をあわせもたなければ、何ものも生存できないのであるから、各存在の様々な部分は全体的存在を可能にする仕方で調整されなければならない。」（CUVIER, 1817, tome. 1, p. 6）このようにキュヴィエは、生物が生存するためには、合目的的な仕方で、器官同士が配置され調整されている必要があると論じる。言い換えれば、彼は器官の

（8）「ここで我々は避けることのできない回り道をしたのちに、本質的と思われる問題に立ち戻る。それは、機械論の不十分さを事実によって証明できるのか、という問題である。我々が示したように、この証明が可能ならば、それは進化論仮説に率直に立つという条件を満たさねばならない。機械論が進化を説明できないならば、この不十分さを証明する手段は目的性の古典的概念に留まるのでも、それを切り詰めたり、ゆるめたりするのでもなく、反対に目的論を超えて進まねばならない。このことを確立するときがきた。」（EC 53）

目的論的な機能をその構造に優先させるのである。調和や傾向という先ほどの目的論的な概念とこの機能という概念の関係を確認しておくと、眼という器官を例にとれば、その機能は見ることであり、眼という器官の構造は、見るために調整され、調和を保ち、さらにそれは、見るという目的へ向かう傾向である、といえるだろう。

ここでキュヴィエの機能重視の考えを二つの例をとって見てみよう。第一の例は博物学にとって最重要ともいえる分類の原理に関わる。彼は分類の原理として、植物学者アントワーヌ・ロラン・ド・ジュシューの「形質従属の法則 Loi de la subordination des caractères」を継承するが[9]（cf. 木村 一八九、E. S. RUSSELL 40）、どのような形質を重要と考えるかに関しては、キュヴィエ独自の機能的な観点をとっている。彼はのちに見るように、分類の基準としてなかでも神経系を重視するのである。

次に、キュヴィエの機能重視の第二の例として『化石骨研究』で登場する「相関（la corrélation）の原理」を見てみよう。それは十分な知識があれば、身体の一部（化石骨など）によって、その構造全体を再構成できるという主張である。[10] ここでも身体各部が密接に相互作用するという考えが構造全体の再構成の鍵であり、また機能の修飾は構造の修飾を伴うという機能重視の観点が底に横たわっている。その他にも、キュヴィエは『比較解剖教程』（1800–1805）でカントの名を挙げてこのような相互作用の調和を説明している。[11]

ちなみに生物器官の配置で機能と構造のどちらを優先させるかは、当時の科学界では大問題であった。周知のようにキュヴィエとジョフロア・サン＝ティレールのアカデミー論争も、構造か機能かという根本的対立が背景にある。機能を重視するキュヴィエに対して、ジョフロアは生物器官の構造を重視し、形態学の名のもとにこの研究を行った。[12]「一八三〇年のキュヴィエとジョフロアの論争における争点は、生物科学における根本的な分かれ目、動物の構造を説明するのにまず依拠しなくてはならないのは、機能なのか、形態の法則性なの

かということであった。」(APPEL 2)

では、キュヴィエの考えはどのように先ほどの『創造的進化』の目的論の問題設定と関わってくるのだろうか。実はここで問題になっているのも、機能か構造かという対立である。つまりキュヴィエとジョフロアの対立は、目的論的な進化論と機械論的な進化論の対立という形に姿を変えてここで論じられているのである。ジョフロアの形態学とダーウィンなどの進化論は、実は密接な系譜関係をもつ。両者は、生物の機能を考察から除外して、痕跡器官などの構造の相同性を重視し、生物の序列や系統(ジョフロアは理念的、ダーウィンは歴史的)を再構成するというプログラムを共有しているのである。このことはエドワード・スチュワート・ラッセルが *Form and Function*, 1916,『動物の形態学と進化』で指摘する通りである。「進化論者は、キュヴィエよりもむしろジョフロアに追従した。彼らは、相同による類似を非常に重んじ、構造の相似を、興味の引[13]

(9) ジュシューは、「形に変化がなく、同一群の植物ではきまって現われる主要器官に関する形質」(木村 一三六)を分類を行う際に最も重要なものとして、形質の順位づけを行った。このような順位づけが形質従属の法則の要点である。

(10) 「あらゆる有機体は一つの全体、すなわち唯一の閉じた系を形成する。そのあらゆる部分は相互に連関し、相互的な反応によって、同じ一定の行動に向かって協働する。いかなる部分も他の部分が変わることなしには変わらないし、その結果、それらの部分を個別に取り上げても、その他の部分を指示し、与えるのである (et par conséquent chacune d'elles, prise séparément, indique et donne toutes les autres)。」(CUVIER, 1812a, p. 58)

(11) 「あらゆる部分に共通で一般的運動は、生命の本質をなすものなので、生体から切り離した諸部分は、やがて死んでしまう。それというのも、それらの部分はそれ自身では、この本質的な運動を少しももたないからであり、諸部分の結合が生み出す一般的な運動を分有しているにすぎないからだ。したがってカントの表現によれば、身体の各部分のあり方の理由は全体のなかにあり、反対になまの物体では、各部分は自分自身のなかにその理由をもつのである。」(CUVIER, 1800–1805, p. 6)

(12) ジョフロアは器官諸部分の相互位置を一つの型に結びつける「連携の法則 Principe des connexion」を打ち立て、全動物のプランの統一という視点を分類の基準にした。

(13) 補足すれば、相同(homology)とは、ある器官などが共通の祖先に由来することであり、機能や形態は変化していてもよい。相似

かないものとして軽視した（They laid great store by homological resemblance, and dismissed analogies of structure as of little interest）[14]。」（E. S. RUSSELL 310）

ここで、争点となっているのは、例えば眼という複雑な器官を前にして、機能の調和に注目するか、自然淘汰と偶然の作用に耐え残ってきた構造の系譜関係に注目するかということである。では、この論題のテーマが『創造的進化』ではどのように引き継がれ、変奏されているのかを見ていくことにしよう。

まず、ベルクソンはヒトの眼の構造を取り上げ、ポール・ジャネの『目的因』を引用して[15]目的論擁護の議論を示し、そののちに、それに対する進化論的反論を示す。まず、眼の構造は非常に複雑な諸部分からなっており、「数千の要素が機能の統一にむけ協調する（des milliers d'éléments sont coordonnés à l'unité de la fonction）」（EC 62）ことは確かに驚異に思われる（目的論擁護の議論）。これに対し、すなわち、滴虫類が光を感じるような単純な器官から始めて、それが段々と複雑化して機能が完成したと考えれば、ヒトの眼ほど複雑な器官でも機械因のみで説明できるのである（機械論による反論）。

さて、ベルクソンは両者に対し、「器官（構造）と機能とは異質な二つの項だが、互いにあまりにもよく条件づけ合っているので、両者の関係を述べる際、機械論が望むように器官から始めるのがよいのか、目的論が要求するように機能から始めるのがよいのかアプリオリにはいえない」（EC 62）と述べる。そこで彼は構造と機能を比べるのではなく、進化の異なる系統上で構造と構造を比べるという、先ほど見た収斂進化へ問題を移す。こうしてみると、ベルクソンはこれまで見てきたキュヴィエのような機能的目的論を否定して、それとは無関係に新しい問題を立てるように見える。しかし、『創造的進化』の議論を検討すれば、事態はそれほど単純ではない。では、具体的な眼という器官についての議論を検討してみよう。

脊椎動物の眼とホタテガイのような軟体動物の眼を並べてみよう。両者において本質的な部分は同じで、その部分は相似要素から構成される。ホタテガイの眼は我々の眼と同様に、網膜、角膜、細胞構造をもった水晶体を示す（une rétine, une cornée, un cristallin à structure cellulaire comme le nôtre）。そこには一般には無脊椎動物の網膜にはない網膜の構成要素の反転まで指摘されている。さて、軟体動物の起源は議論されているが、どの意見も軟体動物と脊椎動物とが共通の幹から分かれたのはホタテガイの眼のような複雑な眼が現われるずっと以前であったことは意見が一致している。ではこの構造の相似はどこから来たのか。（EC 62-63）

まず、ベルクソンはダーウィンの微小変異（la variation insensible）説を検討し、変異が軽微であれば視覚器官に偶然に変異が生じても機能の妨げにならないという点をその長所として認める。このことはダーウィンが『種の起源』第六章「学説の難点」で自説を擁護する通りである。(16) 彼は眼と望遠鏡を比較し、眼が望遠鏡と同じ

（analogy）とは、ある器官などが由来は異なっているが、同一の形態や機能を果たすことである。

(14) その後の文章は次のように続く。「彼ら〔進化論者〕は、ただ収斂や平行進化の存在を認めるのが不本意であり（They were singularly unwilling to admit the existence of convergence or of parallel evolution）、自然は構成の一致により制限されており、新しい器官を作れず、また作らない、という明白なジョフロア流の見解を、きわめて強固に主張した。」（*ibid.*）

(15) ベルクソンによるジャネの引用は次の通りである。「視覚が機能するためには『強膜（la sclérotique）がその表面の一点で透明になっていて、光線がそこを通り抜けられるようになっていなければならない……、角膜（la cornée）は眼窩（l'orbite）の開口部に精確に対応していなければならない……、この透明な開口部の背後には光を収斂させる媒質（des milieux convergents）が必要である……、暗室の端には網膜（la rétine）がなければならない……、網膜に対して垂直に、無数の透明な錐状体（cônes）が必要で、錐状体は自らの軸の方向に従って向けられた光のみを神経膜に届かせる、等々』（JANET, 1876, p. 83）。」（EC 61）〔中略はベルクソンによる〕

(16) 「生物では変異は微小な変化の原因となり（variation will cause the slight alterations）、生殖はそれらを無限に増加させ、自然淘汰は的確な技量でそれぞれの改良を拾うだろう（natural selection will pick out with unerring skill each improvement）。この過程が何百万年も、毎年同じ種の何百万もの個体にも続かせてみよ。」（DARWIN, 1859, p. 189）

仕方で形成されるとしたら、あらゆる変異が同時に起こるということが必要になるが、生物は微小な変異が積み重ねられてできたのでその必要はないとしている。

これに対して、ベルクソンは微小変異が積み重なって一方向に複雑化することは偶然の作用だけで説明するのは困難という批判を行う。微小変異が機能障害を起こさないということは、逆にいえば、その変異がある程度積み重ならなければ、有用な機能を発揮することはできないということである。そうすると、微小変異が有用でないうちに、なぜそれが自然淘汰のなかで保存されるのか説明がつかなくなる。(17)

しかしながらここで注目すべきは、このベルクソンの批判は器官の複雑な調和は偶然で説明できない、という古典的な目的論と大して変わらないということである。確かに多系列の収斂進化の問題は困難の度を高めはするものの、(18)困難はすでに一系列上の進化にあり、問題の本質を構成しているとはいいがたい。

次に、新ダーウィン派の突然変異説の検討を見てみよう。ベルクソンは突然変異説では変異の数が少なくてすむので、一方向に複雑化することの困難の度合いが減ることを長所と見るが、今度は一つの変異が大きくなるので、微小変異説が避けていた機能障害の難点が生じると述べる。ここでベルクソンが機能の観点から突然変異説の難点を際立たせているのは明白である。また変異の相関（corrélation）がうまく働いて機能障害を回避する仮説に対して、彼は「一群の連動的な（solidaire）変化と相補的な（complémentaire）変化のシステムは別」（EC 67）だと強調する。前者は毛のない犬は歯の発育が不全といったダーウィンが挙げた例で、胚の同じ箇所で毛と歯の形成が行われ、そこに障害があったということにすぎない。対して、後者は様々な変化が協力し合って、同一の機能を果たし改良することを意味する。後者は明らかにキュヴィエの機能相関の考えであり、もし突然変異説が相関の語をこの意味に用いると目的性を密輸入することになる。(19)つまり、ベルクソンはこの相関が機械論に説明できないとする点で、伝統的目的論の批判を踏襲しているのである。

以上の批判の要点は、アイマーの定向進化に対しても同様である。ベルクソンによれば、定向進化説は光の作用が眼という器官に与える作用が共通なので、脊椎動物も軟体動物も眼の構造は似たものになると説明することになるのだが[20]、今度は「相関」の代わりに「適応」（adaptation）の二義性とその不当な使用をベルクソンは指摘する[21]。

ところで、相関と適応という語の二義性に関して、E・S・ラッセルは興味深い指摘を行っている。彼によれば、適応というと自然淘汰が連想されるが、ダーウィン以前は、この語はキュヴィエの生存の条件、いわば

（17）「しかし、微小変異が眼の機能を妨げないのならば、その変異はそれに相補的な変異が起きない限り、眼の機能に役立つこともない。それならば、いかにしてそれは淘汰の働きによって保存されるのか。あたかも微小変異が有機体によっておかれた待ち石（une pierre d'attente）で、のちの建築のためにとっておいたとでも論じるほかはあるまい。この仮説は、ダーウィンの原理と相容れないのに、例えば脊椎動物の眼のような進化の一つの大きな系統上で発展してきた器官を考察するときには、避けがたいように見える。」（EC 65）

（18）「というのも、微小変異が純粋に偶然的であるのならば、進化の独立な二系統上で同じ微小変異が同じ順序で数え切れないほど生じたということをいかにして想定すればよいのか。」（EC 65）。

（19）「現在の科学では、相関の語が目的性の擁護者ならば使いそうなやり方で利用され始めている。人々はそこにあるのは、単に方便だけだといい、のちに原理の本性を説明し、科学から哲学に戻るあかつきには、目的性を訂正し、純粋な機械論に戻れるという。しかし、実際に機械論に戻るときには、「相関」の語は新たな意味でとる必要があり、今度はこの意味が細部の説明に対して不適切になる。」（EC 69）

（20）ベルクソンによるアイマー理解が偏ったものであるという指摘は、cf. 金森、二〇〇四年a、一八〇—一八四ページ。金森によれば、確かに定向進化には環境決定論の側面があるが、むしろ定向進化の本質は生物内部に一定の駆動力を認める点にある。しかし、ベルクソンは前者（定向進化の前期思想の一面）を批判し、後者について触れていないので、『創造的進化』で下される定向進化への批判は一面的で不十分な可能性がある。

（21）「外的条件という鋳型のなかに段々差し込まれた形が徐々に複雑になっていくことと、外的条件からますます有利な解決策を引き出す道具がより複雑な構造になることは別のことである。前者は物質が鋳型を受けるにとどまるのに対し、後者は能動的に反応し、問題を解決している。光の影響に対して眼がより良く適応するときにいわれるのは、語の二つの意味のうち明らかに後者である。」（EC 70–71）

有機体という内部環境の調和へ機能的に適応するという目的論的な意味を有し、のちにダーウィンがその意味を大きく変えた、というのである。(22)

最後にベルクソンは努力や意志を考慮に入れる目的論的な進化論である新ラマルク派を扱う。ここで問題視されるのは、獲得形質の遺伝の実験的証拠の弱さという点であり(cf. EC 80–84)、たとえ獲得形質の遺伝を認めたとしても、各個人の意識的努力からは長期にわたり一定方向に器官を複雑化する規則性が出てこないという点である。(23)確かに、調和、相関、適応などのキュヴィエ的な目的論の見解でも、微小変異、突然変異、定向進化などの機械論的進化論の不備を突くためには有効である。しかしながら、目的論によってポジティヴな進化の説明をしようとすると、器官の複雑化を説明するのに、単なる調和や相関や個人の環境に適応しようとする努力(内的目的性の範囲を出ない)をもちだすだけでは、ベルクソンにいわせれば不十分なのである。彼によれば、実は目的論だけでなく、機械論も含めた進化論はすべて、器官の複雑化の方向性を説明するのに、一系列の上でさえ成功していない。このように、彼は他の進化仮説の検証を行い、その不十分さを示した上で、目的論も機械論も未解決のこの問題をのりこえる方向を示そうとするのである。

ベルクソンは自らの哲学の立場を示そうとして再び眼の構造の例に立ち戻るのだが、彼は先ほど避けたはずの構造と機能の比較に戻る。「したがって、機械論と目的論の見解は双方とものりこえなければならない、……しかし、どの方向にのりこえるのか。我々が述べたように、器官の構造(la structure d'un organe)を分析するとき、分解から分解へと人々は無限に進むのに対し、それらのすべての機能(le fonctionnement)は単純なものである。器官の無限な複雑さと機能の極端な単純さという対比が我々の眼を開いてくれるに違いない。」(EC 90)そして、ベルクソンは単純さを事物そのもの、複雑さを人工的な記号になぞらえ、単純な機能を称揚する。ここまではあたかもキュヴィエの古典的な目的論を踏襲しているだけのように見える。しかし次に、ここでいわれる機能や運動はこれまでの目的性とはまったく違うことが示される。「私がAからBへと手を挙げたとすれば、この運動は同時に二つの相のもとに現われる。内から感じではそれは単純で不可分な行為である。外から見られるとそれはある曲線ＡＢの通過である。……機械論はここで位置だけしか見ない。目的論はそれらの秩序を考慮に入れるだろう。しかし、機械論も目的論も実在そのものである運動の傍らを通り過ぎてしまう。ある意味で運動はそれらの位置や秩序以上のものである（le mouvement est *plus* que les positions et que leur ordre）。無数の継起的位置と同じくそれらの秩序が与えられるためには、不可分の単純性のうちに運動が与えられれば十分だからであり、それに加えて、位置でも、秩序でもない本質的なもの、つまり動性が与えられるからである。」（EC 91-92）

いったい彼は何をしようとしているのだろうか。おそらく決定的な点は、秩序の上に運動が置かれていることである。キュヴィエなどの古典的目的論はあくまで秩序が先にあり、そのなかで運動が動くにすぎない。しかし、ベルクソンの哲学はそのような目的性をのりこえる、あるいは秩序そのものを生み出す上位の原理として運動、あるいは生成を置き、それを機能と呼ぶのである。したがって、我々の理解が正しければ、「目的論の方向の一つを目的論より先に進む」（EC 53）とは、秩序、相関、調和に従属していた運動や機能が反転し、

（22）「彼［ダーウィン］が見落とした最大のものは、おそらく機能的適応（functional adaptation）の問題であり、諸部分の相関に関して、適切な取り扱いを行わなかったことである。ダーウィンは、この問題をほとんど無視したばかりでなく、生態学的な適応（ecological adaptation）と相関のある表面的な面を主張することによって、「適応」と「相関」の語に新しい意味を与えることに成功し、それによって、これらの語は真実かつ本来の機能的意味を大きく失うことになった。」（E. S. RUSSELL 239）

（23）「ところで、獲得形質の遺伝説（la thèse de la transmissibilité des caractère acquis）に最も都合のよい状況を作り、多くの場合、獲得形質に見えるものは実は生得的な形質がのちほど発展したものなのだということを除外してみても、その遺伝は規則的ではなく例外的であるということを諸事実は我々に示している。そんな遺伝が眼のような器官を発展させることを期待できるだろうか。」（EC 84-85）

それらを生み出す上位の原理となったということを示している。それにより、これらの語は古典的な意味を残しつつも、新しい意味を帯びるのである。

ところで、「より正確にいえば、我々は手を挙げる単純な行為に、自然が目を構築するプロセスを比較するだろう」(EC 95) といわれるように、ここで説明されている原理は視覚という個体の機能をこえて、すでに種の進化、系統発生が問題にされている。そしてこの新しい運動や機能概念は「視覚への歩み (la marche à la vision)」(EC 97) と言い直され、傾向という概念の内実も、機能という概念の内実が変わったのと連動的に更新される。ベルクソンはここで、「視覚への歩みというならば、我々はまた古い目的概念に逆戻りしているのではないか」(*ibid.*) と問いを発する。ベルクソンの答えは次の通りである。

> 本当は、視覚への歩みは生命の根源的はずみによって実行され、この運動そのものに視覚への歩みは含まれている。まさしくそれゆえに独立した進化の線上に同じ歩みが認められるのだ。では視覚はどのように、なぜこの歩みに含まれるのかと問うならば、我々は生命が何よりもなまの物質に働きかける傾向だからと答えよう (la vie est, avant tout, une tendance à agir sur la matière brute)。この働きかけの方向はおそらく前もって決定されていないので (Le sens de cette action n'est pas sans doute pas prédéterminé)、生命は進化しながらその道の上で予想不可能な様々な形をまき散らすのだ。(EC 97)

すなわち、視覚という機能への傾向は前もって存在していたとはいえないのだが、それでもなお傾向といえるのは、生命が物質へ働きかけるという傾向が存在するからである。個々の目標は決まっていないが、漠然とした物質に向かう方向性だけは存在し、そこから様々な傾向、例えば視覚などの機能が分化し、さらにキュヴィエ的な相関や秩序や調和が発生してくるのである。ここでは、もはや彼は器官の構造と構造を比較することから、機能の新しい概念へ移行し、それを軸にしていることは明らかだろう。

視覚に向かう原因の進み具合によって、下等な有機体の単なる色素の寄せ集めにもなるだろうし、セルプラの原始的な眼にも、アルキオパのすでに分化した眼にも、鳥類の驚くほど改良された眼にもなるだろう。しかし、あらゆる器官は複雑さに関しては非常に異なっていても（de complication très inégale）、必ず同じ協働（une égale coordination）を示すだろう。そういうわけで、二つの動物種がいくら隔たっていても、視覚への歩みが双方で同じ遠さにまで進んでいれば、同じ視覚器官が存在するだろう。それというのも、器官の形は機能がどの程度に果たされるかを表現するにすぎないからである（la forme de l'organe ne fait qu'exprimer la mesure dans laquelle a été obtenu l'exercice de la fonction）。（EC 96–97）

以上が、収斂進化という問題に対するベルクソンの解答である。つまり、異なる進化系統上で、相似器官が生じるのは、由来の共通性（élan d'originel）による。根源のはずみとは、なまの物質に働きかけるという傾向であり、様々な機能を生み出す動性、あるいは生成の原理なのである。

我々は本章で古い目的概念からベルクソンの生の哲学が分岐する点を精確に見定めようとしてきた。以上で、とりわけ古い目的概念の肯定的側面やその側面とベルクソン哲学の連続性に関して、ある程度明らかにできたと思われる。彼は調和や傾向、機能という目的論的な用語を引き継ぎながら、その内実を生成論的に組み換えたのである。

しかし、ここで論を閉じるのはまだ早いだろう。我々はさらに、なぜ由来の共通性が相似器官を生むのか、という問題を問うことができ、これまでの考察ではそれに答えられないからである。生命の根源とそこから派生する諸々の傾向（その一つが視覚への歩みである）という思考、つまり、分化と傾向という概念に関しては、確かに形式化されたけれども、いまだその内実は与えられていない。実はこれらの概念の内実を与えるのも、また当時の生物学的思考や事実なのである。残りの仕事はさらにその科学的背景を問い、それらを明らかにすることである。

三　傾向、分化、進化

『創造的進化』第二章では、その題名に「生命の進化の分岐方向　麻痺、知性、本能」(EC 99)とあり、傾向の内実を探ることがテーマになっている。その議論の流れを図式的にいえば、なまの物質に働きかける傾向である生命は、栄養を蓄積する傾向(=植物)とそれを消費する傾向(=動物)に分化し、さらに動物の傾向は知性(=脊椎動物)と本能(=節足動物)に分化する。しかしながら、このような非決定的な方向に分散的に進化するメカニスムでは、系列が分散するのは理解できるが、なぜ各系統の上で相似形が生じるのかは不明のままであり、先ほどあげた収斂進化の問題は謎のまま残っている。これを理解するためには、さらに分化という概念の内実をおさえなくてはならない。

したがって、我々は次に個々の傾向が由来する分化概念の科学的な文脈を見ることにしたい。『創造的進化』第一章では次のように述べられている。「機械論もまた自然は部品を集めることで職人のように働くことにしたいのだ。しかし、胚の発達を一目でも見たら、生命がまったく別の仕方でふるまうことを機械論は見るだろう。生命は連合と付加によってではなく、分離と分裂によってふるまう。」(EC 90)さらに第二章では「アリストテレス以来伝わる自然哲学の大半を腐敗させた主要な誤りとは、植物的生命、本能的生命、理性的生命が一つの活動性が拡大することで分けられた三つの分岐した方向であるのに、それらのなかに同じ傾向の三つの段階を見てきたことである。」(EC 136) と述べられている。

科学的な背景で見れば、植物、本能、知性を段階づける思考は存在の連鎖と呼ばれる考えであり、前節でみたジョフロアや進化論者ではジャン＝バティスト・ラマルクがこの説にコミットしていたことが知られる。それに対して『創造的進化』では分化という考えが対置されている。分化という概念は先ほどの引用 (EC 90) にもあるように、胚の分化の研究と関わりがあり、この概念をつくりだしたのは近代発生学の祖とされるカール・フォン・ベーアである。ダーウィンやスペンサーもフォン・ベーアから分化の概念をそれぞれに吸収し、自らの進化論に組み込んでいたことが知られている。とりわけスペンサーはフォン・ベーアの原理を進化論として生物の全系統に拡大したばかりか、そこから目的性を追放した。彼の進化論は同質から異質への分化で貫かれ、『第一原理』でも『生物学原理』でもフォン・ベーアの名を挙げている。[24]『創造的進化』に彼の名は出てこないが、上記のような彼の分化概念の科学的文脈への広まりを考慮に入れれば、その影響はベルクソンにまで広まっていたと考えてよいだろう。

フォン・ベーアの『動物発生学』第一巻（一八二八年）は、ニワトリの発生の観察と六つの注解（Scholion）から成り、彼は第五注解で存在の連鎖の発生学版である反復説を批判している。[25] この反復説に対してフォン・ベーアは、分化に基づく発生法則を提示している。[26]

(24) cf. SPENCER, 1862, p. 301. SPENCER, 1886, p. 142. フォン・ベーアとスペンサーの関係については、cf. GOULD 31, 112–114.

(25) 反復説とは、個体発生において高等生物の胚が、自らに連なる存在の連鎖上を辿りながら、下等生物の成体を次々と反復するという主張である。

(26) 「1. 大きな動物群の一般的な性質 (*das Gemeinsame*) は、特殊な性質 (*das Besondere*) よりも胚のなかにより早く出現する。

彼の反復説への批判の要は、例えば脊椎動物の場合、哺乳類の胚は個体発生のなかで魚類、両生類、爬虫類……の成体を反復するのではなく、最初は互いに似通っていた胚は、魚類から分かれ、次に両生類から分かれ、最後に哺乳類に分化するのであり、彼の第四法則が示すように、分化以前の胚同士が似ているだけであって、他の動物の成体を反復するというのではない。この主張は胚の観察から得られたものである。その進行は有名な定式つまり同質なものから異質なものへの移行という定式で表される。[27]（これはスペンサーの進化の定義の根幹をなすものであり、また、ベルクソンの『試論』の二種類の多数性が、同質と異質とされているのもスペンサーやフォン・ベーアとは無関係ではないだろう。）

フォン・ベーアは動物の器官が分化し、異質であるほどより高等であると位置づける。しかし、彼は動物に四つの独立した型（Typus）を認め、この順序づけが可能なのは型の内部の話であり、この型をこえて順序づけをいうことはできないとする。この四つの型はキュヴィエの分類とよく似ているが、フォン・ベーアは自らの独自性を主張した。両者の違いについて、スティーブン・ジェイ・グールドは「キュヴィエがその分類体系の基礎を成体の形態に置いたのに対し、フォン・ベーアは発生過程の動的な展望を採用した」（GOULD 56）と述べている。

このように、フォン・ベーアの分化の概念はまず何よりも発生学という実証的な観察事実からの結果である。しかし、グールドはフォン・ベーアがキュヴィエの実証的手法とともに、シェリングなどの自然哲学の影響を受けており、この「二つの生物哲学が彼の内部で衝突をおこしていた」（*ibid.*, 59）と見ている。例えば四つの型に関しては、キュヴィエならばその間にいかなる類似も認めないのに対して、フォン・ベーアは例外的に四つの型を越えて胚の初期状態が一致する瞬間を設けたり、[28]（第五注解、分化の第二法則。卵が円形など）また、『動物発生学』第一巻の最も一般的な結論と題される第六注解では、フォン・ベーアは自らの発生法則を宇宙論的な原理へと高めており、その記述からは自然哲学の影響を見ることができるだけでなく、のちのスペンサー哲学を予期させるような宇宙発生論の萌芽さえ見ることができるだろう。(29) 実は彼は自らが批判したローレンツ・オーケンやヨハン・フリードリッヒ・メッケルなどの反復論者と「自然には一つの発展傾向が浸透している」(GOULD 63) という意見を共有していたのであり、それを前進的付加と見るか普遍的分化と見るかという点で

気泡の形 (*Blasenform*) が一般的な原形〔卵の形〕であることは、以上に合致する。内側と外側の面の対立以上に、すべての動物について共通なことはあるだろうか。

2．形態関係のなかでは、最も一般的なものから出現し、次にあまり一般的でないものが出現し、こうして最後に最も特殊なものが現われる。

これは節足動物と同様、脊椎動物、とりわけトリの実例から論証された。我々がこの法則を示したのは、研究課題に関して、この法則からの直接的帰結として次の法則を並置するためである。

3．ある動物のそれぞれの胚は、別の動物の形を経由せずに、むしろそれから別れていく。

4．基本的に、高等動物のどのような胚も他の動物の成体に似たりはせず、その胚に似ている (***Im Grunde ist also nie der Embryo einer höhern Thierform andern Thierform gleich, sondern nur seinem Embryo***)。」(von BAER 224)

(27) 「つまり、あらゆることに注目して分化 (Ausbildung) の進行を考慮するとき、同質的で一般的なものから段々と異質で特殊なものが形づくられる (aus einem Homogenen, Gemeinsamen allmählig das Heterogene und Specielle sich hervorbildet)。」(von BAER 153)

(28) グールドはこの例外をフォン・ベーアが設けた理由として「自分の法則に十分な威厳と広がりが授けられるためには、あらゆる発生は、どのような発生経路でもたどれる潜在能力を保有する、未分化で同質な状態から始まるのでなければならない (all development must begin with a completely undifferentiated, homogeneous state retaining all its potential to follow any path of development)。主要な四つの経路の一つをたどるよう拘束された状態から始まるのでは困るのである。」(GOULD 62) と述べ、このフォン・ベーアの一般性への志向は自然哲学の影響によるとしている。

(29) 「しかし、最も一般的な結果が真理と内実をもつならば、一つの根本的思想が存在する。この思想は動物発生のあらゆる形態と段階を貫き (durch alle Formen und Stufen der thierischen Entwickelung geht)、あらゆる個々の関係を支配している。同一の思想が、宇宙のなかでは分散した物質を天球へと集め、これらを太陽系へと結びつけ、金属的な惑星の表面で、風化した塵を生命の形態へと育ませる。しかし、これらの思想は生命それ自体にほかならず (Dieser Gedanke ist aber nichts als das Leben selbst)、その思想が自らを表現する言葉や音節が、生物の様々な形態なのである。」(von BAER 263-264)

異なっていたのである。

さて、『創造的進化』の分化は「生命がなまの物質から受け取る抵抗と、生命が運んでいる――諸傾向が不安定に均衡していることによる――爆発力という原因の二系列」(EC 99)による。これはドゥルーズが「分化は外的な原因をもつだけではない。分化自身のうちに内的な爆発力があって、それによって持続は分化する。」(B 97)と指摘する通りである。ベルクソンは「生命は胚から胚へと成体の有機体を介して進む一つの流れのように見える」(EC 27)と述べているが、進化を胚の発生にしばしばなぞらえる。したがって、この内的な爆発力であるエラン・ヴィタルはフォン・ベーアの個体発生における分化の概念を系統発生に拡大適用したと考えられるだろう。[30] フォン・ベーアはごく初期の胚にあらゆるものに分化できる潜在能力をほのめかしていた。ベルクソンはこれに対応するように、進化の系統樹の根にある生物がもつ莫大な推進力について述べており、これは前節でみた「根源のはずみ」というベルクソンの仮説の内容と異ならないであろう。[31]

では、ここで先ほど我々が立てておいた問いに戻ることにしよう。分化した諸々の生物はなぜ単に差異を増大させていくだけでなく、相似器官をつくるのか。ここでは、フォン・ベーアの分化とは違った、ベルクソン独自の分化概念が必要になるように思われる。フォン・ベーアは分化について「個体の発生は、あらゆる点で個性を増大させる歴史である(*Die Entwickelungsgeschichte des Individuums ist die Geschichte der wachsenden Individualität in jeglicher Beziehung*)。」(von BAER 263)と述べるが、ここで、フォ

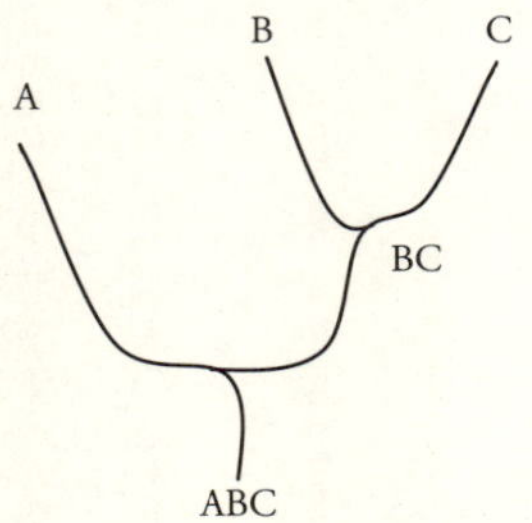

ン・ベーアの分化を進化論的に解釈すると、右図のように図式化することができる。図の生物Aと生物BCは分岐直後は互いに似ているが、その後は互いに異なった傾向を進み、似ることはない。生物Bと生物CはAよりも後に分化したので、Aよりも互いに似ている度合いは高いが、分岐後は互いに異なり、似ることはない。よって、この図式のみでは生命が共通の由来をもっているとしても、分岐後は互いに違いが増大するだけなので、相似器官や収斂進化の説明は困難である。

これに対して、ベルクソンの分化概念、すなわち、エラン・ヴィタルはどう異なるのか。最も重要な違いは、フォン・ベーア流の考えでは、最初の生物ＡＢＣがもっていた潜在力ａｂｃ（潜在能力を小文字、この能力によって実際に発現した生物を大文字で表す）は、例えばAが分化した後では、残りの能力ｂｃはAには残らない。これに対し、ベルクソンの考えではAが分化した後も、自分がかつてＡＢＣであったという記憶はAに内在し、いわば潜在能力ａｂｃとして存在し続けているという点である。これは『創造的進化』がある限定的な意味で、『物質と記憶』の応用であるという、ベルクソン独自の哲学からの帰結である。『創造的進化』で根源のはずみは、ただ単に全生物が共通の由来をもっているという系統―分類学的な基準であるだけではなく、生物

(30) フォン・ベーアは進化論を批判し、部分的にしか受け入れなかったものの、個体発生の分化の概念を系統発生に拡大する思考は、すでに彼自身のなかにあったようである。E・S・ラッセルは次のように述べている。「実際、発生の着想に満たされて、フォン・ベーアは、進化のなかに、個体の発生と同じ性質を見た。進化は発生と同様に、形成力に従う。すべての生成の究極の原則は、『自然の歴史は、精神の物質に対する前進し続ける勝利の歴史以外の何ものでもない』というものである。同じ巻〔『すべての発生における最も一般的な自然界の原則』〕の後の論説（一八三五年）で、彼は、すべての自然科学は、「生成する！」なる短い句についての長い評論以外の何ものでもない、といった」（E. S. RUSSELL 230）

(31) 「初めに現われた生命の形はごく単純なものであった。おそらくそれは、外観は我々が今日観察するようなアメーバーに似た、ほとんど未分化の原形質の小さな塊だった。しかし、この小さな塊はそれ加えて莫大な内的推力をもっていて、その推力が小さな塊を高等生物の形にまで押し上げたに違いない。……ある点まで来ると、有機体は増大よりもむしろ分裂をする。」（EC 100）

が障害に遭遇したときに新たな形を生み出す発生や進化の原理でもあるのである。

より具体的にいえば、フォン・ベーア流の分化では、Aは次に分化する際にリソースとして利用できるのは、能力ａのみであるのに対し、ベルクソンではAはｂｃも利用できる。したがって、粗雑な定式化ではあるが、Aが能力ｂを発現して器官をつくるか、Bが能力ａを発現させて器官をつくるかの違いはあるにせよ、相似器官が形成される条件は可能となるのである。

しかしながら、以上は必要条件を整えるだけであって、十分条件、すなわち相似器官を形成する詳細なメカニスムは不明であるという根本的な問題は残っている。ベルクソンは、見るという機能が同じなのだから、同じ協働作用が生じ、進化の程度が同じならば、眼という構造も類似するはずという、ごく単純な発想を述べているが、それだけでは不十分ではないだろうか。というのも同じ機能が違う構造によって実現される可能性もまだ残っているからである。ここには時代的制約もある（当時、遺伝の機構は知られていなかった）のだが、この点はエラン・ヴィタルの証明力の弱さとして残るだろう。

さて、もう一度フォン・ベーアとベルクソンの相違点を確認しておこう。ベルクソンは始原の生物に内在していた巨大な推力は、分化した各生物の周りに雲や暈のようにして背後に控えていると考えており[32]、これがフォン・ベーアとの相違点であると思われる。このように、生物が新たな形態を創造するとしても、それはまったくの無差別に拡散するのでなく、ある程度、生物は記憶、すなわち過去の情報の力を借りて進化するのである（これが外的目的性の内実である）。もちろん環境が生物に提出してくる問題が共通であれば、それが相似器官の機会原因になるのだが、調和はこのような外側からの一方的な押しつけだけではなく、内側からも調和が産出されるのである。以上で我々は、フォン・ベーアの科学的研究とその背後にある思想を考慮に入れ、ベルクソンとの異同を比較した。これにより、ベルクソンの分化概念の内実、すなわち、生物の根底にある潜在力という考えは、神秘的な形而上学的側面がとかく強調されがちであるが、そこには当時の科学的背景——とりわけ発生学の実験的事実——も強く関係していたことがより明らかにできたと思われる。

さて、スペンサーがフォン・ベーアの影響を受けたとしても、『創造的進化』のなかでは、スペンサーは獲得形質の遺伝として批判されている。(33) ベルクソンの獲得形質の批判の要は、それが上位の機能や傾向の与える方向性を与えないということであった。したがって、ベルクソンは個体発生と系統発生を区別するヴァイスマンの議論を留保をつけながらも遺伝の原理として評価し（cf. EC 26, 79, 81）、個々の成体の努力よりは胚の連続的な流れを強調するのである。フォン・ベーアの分化概念は胚の観察と自然哲学の流れをひいた自然の発展傾向という両面をもっていたが、ベルクソンはヴァイスマンの説を一つの支えにすることで、この発展傾向により科学的な内実を与え、自らの哲学に取り込んだのである。

結論　『創造的進化』の目的性概念

（一）調和の概念：機能相関や相互作用（下位の機能、運動）が調和を形成するという考えは個体に限定される

(32) 『創造的進化』第二章の末尾では、この暈から直観の発生が論じられていることからもわかるように、この暈というテーマはベルクソン哲学のなかでも重要である。「知性（l'intelligence）は相変わらず明るい核（le noyau lumineux）のままであり、本能（l'instinct）はたとえ直観に拡大され、純化されたとしても、知性の周りで星雲状の漠然としたもの（une nébulosité vague）を形成しているにすぎない。」（EC 178）

(33) 「個人が身につけた習慣が非常にまれな例外を除き子孫に伝わらない（それは確からしく思われる）のならば、スペンサーの全心理学は作り直さねばならぬし、彼の哲学の大部分は崩壊するだろう。」（EC 79）

限りで、目的性概念の否定的側面（内的目的性）をなし、調和を生成する上位の機能や傾向に関連づけられる場合、その肯定的側面を形成する。

（二）傾向の概念：傾向が起動する以前に機能が決定されているという考えは、目的性概念の否定的側面（徹底的な目的論）を成し、傾向が起動した後の運動が機能や目的を形成する場合、肯定的側面を成す。傾向は起動すること以外は決定されていない。この傾向性の内実は、進化の系統上の複雑化していく器官の方向性を示し、下位の諸調和や諸機能を導く。また、留保つきでヴァイスマンの生殖質連続説がその根拠となる。

（三）分化の概念：傾向の発生を司るのが分化である。分化は胚のもつ潜在力から生じ、この力が進化の分岐上で様々な構造を生成する。それは内在する諸傾向間の調和という上位の調和概念を形成する。収斂は外からの統制ではなく内からの産出の結果でもある。この概念はフォン・ベーアの胚の個体発生を系統発生に拡張したものと考えられる。

第七章　時空の概念と宇宙論（コスモロジー）の問題

はじめに

本論第一章では、ベルクソンが空間と時間の連続性という問題から、自らの哲学を出発させたことを見た。我々は彼がそののち、遭遇した問題に沿って、熱力学や神経科学、生物学、心理学など様々な科学と対話を続けながら、自らの哲学を生成させてきたことを辿った。そして、『試論』の出版からおよそ三十年後（一九二二年）、彼は再び空間と時間の問題に立ち戻る。それは、アインシュタインが相対性理論によって時空の新しい概念を提示したからにほかならず、それによってベルクソンが新たな問題と遭遇することになったためである。その問題とは、相対性理論の解釈次第では、新たなタイプの時間の空間化が生じるという問題である。これに関してはのちほど詳しく見るが、例えば、相対性理論が用いるミンコフスキー時空を実在と見なし、宇宙を一種の超空間《ハイパースペース》と解釈する宇宙論が挙げられる。この解釈によると、宇宙はあらかじめできあがっていて、そこから生成や時間は追放されることになる。これに対して、ベルクソンはこの宇宙に持続や生成が実在するような解釈を提示し、この解釈が相対性理論と整合的であることを示そうとするのである。

そしてこれは、我々が序章で見た「科学と哲学は異なる学科ではあるがそれが相補うようにできているという考え（l'idée que science et philosophie sont des disciplines différentes mais faits pour se compléter）」（DS ix）に基づく試みにほかならない。物理学は数学を用いるが、数学はそれ自身では単なる記号でしかなく、それが物理学の現象、あるいは実在にきちんと対応した表現になっているかを確認する必要がある。そして、そのためには、数学的形式に物理的内容や意味を与える理論や仮説が必要になる。しかし、このとき、この理論や仮説が無意識的な形而上学を形成してしまっている場合は、物理的対象に対応していない数学を実在のものと考える誤りに陥る可能性もある。[1]そこで、数学的形式に物理的内容を与える仮説や形而上学を、ベルクソン哲学自らの仮説や形而上学と対面させ、正しい物理的内容を批判的に吟味することが、『持続と同時性』という著作の意図であった。

ベルクソンはとりわけ『創造的進化』以降、科学との協働と批判という構想を、意識的、方法的に段々と整備していくが、この構想は『持続と同時性』で全面に押し出され、一つのピークをなすといえるだろう。しかしながら、結論からいうと、この試みは失敗に終わる。いわば、『持続と同時性』は哲学と科学の相補的関係の構築というベルクソンのプログラムが至った一つの結末――あるいは一つの墓碑――であり、そのためか、ベルクソン哲学と科学に関する関連文献のなかでも『持続と同時性』を扱ったものがおそらく一番多いといえるだろう。それらのなかには、エルヴェ・バローの解釈のように、このプログラムの失敗は、ベルクソン哲学の構造にある本質的理由に由来すると見るものもあるし、[2]ミリチ・チャペックの解釈のように、この失敗はベルクソンの相対論の知識の欠如によるなどの偶発的な理由に由来し、ベルクソン哲学と相対性理論の相補的関係を示す試みは事実上、挫折したが、権利上あるいは理論上はうまくいくはずであることを示すものもある。

我々の見解では、ベルクソンの相対性理論の理解の誤りにもこのプログラムの不成功の一因はあるが、科学者側に問題の焦点がうまく伝わっていなかったことにもその一因があると思われる。以下ではまず、相対性理論に関する二つの宇宙論的な解釈（超空間《ハイパースペース》とベルクソンの解釈）を見たのち、哲学者と科学者の間で、どのような点で問題のすれ違いが起きているかを見ることにしたい。

一．ミンコフスキー時空の超空間《ハイパースペース》解釈

『持続と同時性』で何度も彼が述べ、またアインシュタインとの対話でも繰り返すように、ベルクソンの議論の主眼は、相対性理論に異議を唱えることにあるのではない。そうではなく、「相対性理論が導きいれた諸々の概念の哲学的意義を規定する」（M 1345）ことに彼の意図はあったのである。言い換えればベルクソンは、理論を解釈し、物理的概念と実在（あるいは宇宙像）の結びつきを考えることに哲学や形而上学の役割があると考えている。それとは逆に、物理学者が自らの理論の一部を実在と見なし、それによって宇宙像を描くような場合には、彼らは物理学者としてではなく、形而上学者として語っているのである。その場合、今度はその理論は形而上学として吟味の対象になるだろう。

（1）一般相対性理論の形成期のアインシュタインでさえ数学的場所と物理的場所の間にある区別に悩んだことは、cf. 内井、二〇〇四年、一〇二―一一一ページのいわゆる「穴」の議論に関する分析に詳しい。

（2）「ベルクソンが相対性理論を理解していなかったというだけでは十分ではない。ベルクソンが自らの時間の哲学に忠実であり続けるならば、ベルクソンはそれを理解することができず、それを拒否しなければならなかったといわねばならない。」（BARREAU 119–120）

では、ベルクソンが批判の対象とする宇宙像はどのようなものなのか。それに関して彼は、『持続と同時性』の第六章で次のように述べる。

相対論の理論家たちは、純粋科学から脱出して、この数学が言い表している形而上学的実在の観念を我々に与えるそのたびに、第四次元は少なくともほかの三つの次元の属性をもっていることを暗黙のうちに認めることから始めて、それ以上のものは後にもってくればよいと考えるのである。彼は次の二点を認めた上で、時空について語ったのだ。1．人が空間と時間の上で行うあらゆる割り振りは同列にあると見なさねばならない……、2．継起的な出来事に関する我々の経験は、一度に与えられた線上の点を一つ一つ照らしていくにすぎない。——我々が先ほど示したように、時間の数学的表現が、空間の特徴を必然的に時間に伝え、第四次元は固有の性質が何であれ、まず他の三つの次元の性質をもつことを要請することで、欠如とともに過剰によって誤りに陥ることを彼らは考えないようである。ここで二重の訂正を行わない人は誰でも、相対性理論の哲学的意義について間違いを犯し、数学的表象を超越的実在へ格上げする危険があるだろう。(DS 165–166)

ベルクソンは、このように相対性理論の数学的表現が、時間を空間と同列におき、四つ目の次元として同じ性質を割り振られることで、それが空間のようにあらかじめ並列されているものであると考えられるばかりでなく、そのような空間化された時間を超越的実在へと格上げする危険に警告を発するのである。

そして、これを宇宙論へと拡大適用すれば、宇宙はあらかじめ撮影された映画のフィルムを上映するように、「次々と現われる宇宙の状態を、いったん固めた上でブロックへと」(DS 163) 置き換え、一コマ一コマあらかじめできあがった出来事が我々に与えられるにすぎないものとなるだろう。このような形而上学的ヴィジョンに対してベルクソンは次のように述べる。「『我々が自らの行為を世界に導入するのではない、世界こそがすっかりできあがった我々の行為を、我々のうちに、我々の意識のなかに導入するのだ。……そうだ、我々が時間は過ぎ去るというとき、過ぎ去るのは我々である。我々の視覚の前進運動こそ潜在的に与えられた歴史全体を現実化するのだ。』――これこそが時間の空間的表象に内在的な形而上学である」(DS 62)

このような形而上学の例として、ベルクソンはアーサー・エディントンの著作 Eddington, *Space, time and gravitation*, Cambridge, 1920 について触れている。「エディントン氏のすでに古典となった著作の数行へ目を移せば、そのこと〔数学的表象を実在に格上げすること〕に確信が行くであろう。「出来事は起こらない。それらはそこにある。我々は自らの移動によって出来事に出会うのだ。『物事が生じるという形式』は単に次のことを示すにすぎない。すなわち、観測者が探検旅行で絶対的未来のなかへ行って当の出来事を通過したということであり、それは重要なものではない。」(DS 166)[3] この世界像(ブロック・ユニバース)には、静的な世界を通り過ぎる「我々の視覚の前進運動」が存在するにすぎない。そこには、前と後の順序関係の区別があるだけで、過去・現在・未来の区別もなく、この世界から生成は追放されてしまうことをベルクソンは指摘する。そして、このような宇宙像は、相対性理論が使用する数学的表現から自然発生的に導かれるものでもある。なぜなら、ベルクソンが『試論』から繰り返し述べていたように、時間をいったん数学で表すと、それが空間的性質をもつものとされやすいからだ。このとき、彼が物理理論としての相対性理論を非難しているわけではないことには注意が必要である。理論と形而上学を識別することで、彼が詳細に論じようとしたのは形而上学であることを忘れてはならない。そのうえで、彼は自らの哲学と相対論が相互補完的であることを示そうとする。それでは、

(3) このようなエディントンの考えは、実は、彼の思想の一部にすぎず、その全体像を正確に描写したものとはいえない。彼の「選択的主観主義」と「数学的構造主義」の組み合わせによる宇宙論の展開は、cf. 伊藤、二〇〇四年、一二九―一四三ページ。

これに対するベルクソンの相対性理論の解釈はいかなるものとなるのであろうか。

二 ベルクソンの仮説（一つの普遍的で非人称的な時間）

ベルクソンは、時間を空間化してしまうとして、ミンコフスキー時空の超空間《ハイパースペース》解釈を批判するのを我々は前節で見たが、これに対して彼は、「持続を実在と見なし、活動と見なす哲学は、アインシュタインとミンコフスキーの時空をうまく認めることができると予想される（そこでは時間とされる四番目の次元はもはや我々の先ほどの例におけるように、ほかの次元と全面的に同一視できる次元ではなくなる）。」（DS 63）と述べる。ここで、彼が示すのは、「一つの普遍的で物質的な時間という仮説（l'hypothèse d'un Temps matériel un et universel）」（DS 44）である。では、この仮説がどのような宇宙観をもたらすかを見ることにしよう。『持続と同時性』の第三章冒頭部で、ベルクソンは物質的世界の持続について次のように思考している。

> 我々の内的生の各瞬間に、我々の身体の瞬間と、身体と「同時」である周囲のあらゆる物質の瞬間が対応する。これらの物質はそのとき我々の意識的持続に参与しているように見える。我々はこの持続を段々物質界全体に広げていく。それというのも、我々の身体の直接的近傍に持続を限るいかなる理由も認められないからだ。宇宙は我々にただ一つの全体を形成しているように見える。我々の周りの部分が我々のように持続するならば、それを囲む部分も同様であるし、こうして無際限に続いていくだろう。こうして、宇宙の持続という考えが生じる。（DS 42）

このように、宇宙の持続は心理的持続と類比的に捉えられるのだが、しかしながら、「我々は自らの思考の運動のために中継として飛び飛びに配置した人間的意識を消去することができ、そこにはあらゆるものが流れる非人称的な時間しかもはや存在しないだろう。」(DS 44) といわれるように、必要なのは意識というよりは物質の流れを支える視点《パースペクティヴ》であり、この視点は人間的意識である必要はなく、物質的視点で構わないのである。つまり、物質のなかに観測者が埋め込まれる――ただしそれはもはや人間的意識をもつ必要はない――ことで、世界が持続し、生成するという訳である。そして宇宙のなかにばらまかれた非人称的な視点(準拠枠)が、互いに互いを参照し、宇宙は一つの持続が流れているという仮説が導かれる。そして、静的な宇宙の上を我々の視点が前進するという超空間《ハイパースペース》解釈に対して、ベルクソンは運動するのは我々の視覚ではなく、自然そのものであると考える。さらに彼は、「我々はほかのところで、なにゆえに我々は持続のなかに自らの存在とあらゆる事物との素材そのものを見るのか、いかにして宇宙は我々の目には創造の連続であるかを述べた。……さらに最近素晴らしい著作のなかで、哲学的数学者が自然の前進 (une *advance of Nature*) を認める必要性を主張し、この考え方を我々の考え方に結びつけた。」(DS 62) と述べ、ホワイトヘッドの *The Concept of Nature*, Cambridge, 1920 を指示し、自然の「創造的前進」という着想に賛同を示すのである。ここには、世界が静的か動的かをめぐって相対論の解釈の対立が存在する。

　ではなぜ、ベルクソンは超空間《ハイパースペース》解釈と比較したとき、自らの仮説の方が相対性理論と適合的だと考えるのか。「我々はこれ〔自らの仮説〕がアインシュタインの仮説であり、相対性理論はむしろあらゆる事物に共通の一つの時間という考えを確証するためにつくられたのだと主張する。いずれにせよ、この仮説的考えは、しかるべく理解された相対性理論のなかで、際立った厳密さと整合性を有しているように思われる。」(DS 45) とまで、ベルクソンは述べている。しかしながら、唯一の時間の仮説と相対性理論は、ある特殊な場合しか両立可能ではなく、ベルクソンの試みが不首尾に終わったのは、この点が大きいといえるだろう。では、どの点が問題だったのか、節を改めて概観することにしよう。

三　ベルクソンの議論とその時代背景

なぜ、唯一の時間の仮説は、相対性理論と整合的とベルクソンは考えたのか。それを彼は主に『持続と同時性』第四章で述べている。ベルクソンの議論の概略を示すと次の通りである。第一に、基準系（système de référence）が自らの系について内部から観測する時間こそが、実在的な（réel）時間である。これは相対性理論の時間では固有時（temps propre）に該当する。[4] 第二に、残りの時間はすべて（基準系が観測する他の慣性系の時間あるいは他の慣性系から観測される基準系の時間）は、数学的記号（symbole）であり虚構的な時間である。第三に、二つの慣性系SとS'を任意に取るとき、相対性原理より相互に交換可能（interchangeable）であり、二つの系の固有時は同じテンポをもつ。[5]

これらにより、どのような慣性系をとっても、リアルなのは固有時のみであり（第一テーゼ）、相互運動による時間の膨張は虚構と見なされ（第二テーゼ）、互いの系の固有時は同一である（第三テーゼ）ということになる。こうなるとどの系をとっても同一の時間が流れていることになり（ベルクソンの仮説）、相対性理論と整合的だというのが、ベルクソンの説の骨子である。

もちろんこの主張は、特殊相対性理論の限られた枠内では、可能かもしれないが、ベルクソンは相互性を一般相対性理論にまで拡張する（DS, Appendice II, III）。ここで、彼は固有時の遅れも虚構と見なすが、[6] のちに『持続と同時性』の諸研究は、だいたい次の点を指摘することで共通している。すなわち、ベルクソンの一般相対性理論に関する解釈は、運動論の視点が中心で、重力場に関する適切な考察を欠いているという点である。「ベルクソンが述べているとおり、加速度も相対的だといってよいかもしれないが、一般相対論の等価性の原理によると、加速度現象は重力場の現象と等価であり、この場が固有時の遅延効果を引き起こすので、ここには現象間のシンメトリーは消えることになる。ベルクソンたちの立論は、運動論の視座にとどまっており、問題を適切に扱うための重力場の効果を見逃していたのである。」(杉山聖一郎 四八)

ベルクソンにとって不幸だったのは、批判者たちの意見が必ずしもクリアではなく、また適切なものでもない場合があり、議論が錯綜したということである。「宇宙 ── あるいは少なくとも銀河 ── の重力場への言及というこの本質的に重要な点がベルクソンと対立者たちの間の混乱した議論から抜け落ちてしまっていたのである。」(ČAPEK, 1971, p. 247) と述べられる通り、ベルクソンばかりでなく、その批判者も問題への適切な視点を欠くことがしばしばあり、それは、「特殊相対論も一般相対論をも『相対性の理論』だとして本質的に統一して扱って差し支えないという共通の認識」(杉山聖一郎 四八) は、当時のフランスの科学者たちにも典型的なものであった。

(4) チャペックは「『自らに対して停止している』というこの唯一で特権的な関係を『相対論の最も絶対的な要素』としてベルクソンは正しく認識していた」(ČAPEK, 1971, p. 243) と論じ、この実在性や絶対性が相対論の枠組みに由来するもので、ニュートン力学への退行ではないとして、この主張は妥当なものと見なす。反対に、ベルクソンの批判者であるD'Abroや物理学者ボルンは、ニュートンの絶対時間に戻るのを恐れるあまり、相対論にリアルな要素と見かけの要素の区別はないとしたものの、それが不整合であることを指摘されている (*cf. ibid.*, 242)。

(5) 「……SとS'は相互移動の状態にあり、その結果、相互交換可能である。」(DS 110)

(6) 「要するに、一様な運動の場合と同じく、加速運動の場合にも相互性が存在するならば、動くと想定された系に対して時間の遅延は、二つの場合において同じやり方で計算される。もっともそれはもっぱら表象された遅延であり、実在的な時間には達しないのだが。」(DS 196)

このあたりは、フランス特有の事情があり、とりわけフランスでは相対論の受容が遅れ、その理由として「デカルトの機械論とコントの実証主義との混合体」（同　二九）が理論物理学の成熟を遅らせ、「力学の支配的地位を物理学に奪われまいとする」（同　二九―三〇）理由で相対論に反対した科学者たちが相当数いたという状況だった[7]のである。コントの図式には収まらない新しい科学哲学を作ったポアンカレも力学と物理学を区別することによって、相対論を退けた点では例外ではないと思われる。[8] このように「アインシュタインの時空論に応戦したベルクソンの思想を省みるとき、フランスにおけるこうした潮流を背景として目配り」（同　三〇）することは重要だろう。

またベルクソンが重力場の効果を捉えそこなったことに関しては、ポアンカレに見られるように数学的表現を規約として見なし、そこに物理的な内実を認めないような規約主義に彼の科学観が親和的であったという事情も大きいだろう。ユークリッド幾何であれ、非ユークリッド幾何であれ、どれを選択するかは自由であり、その基準は便利さ（commde）しかなく、道具として使いやすいものを選択すればよいというのが規約主義の概要であった。このような視点からすると「同じ三角形は、球面上には、変形なしでは写せないことに注意されたい。球面という曲面は、平面とは絶対的に異なる。……つまり、曲率の違いは相対的な違いではなく、（単なる記述の違いではない）種類の違い、絶対的な違いである。」（内井、二〇〇四年、九三―九四ページ）と述べられるような、記述の違いと絶対的な違いをとり逃してしまう傾向があるということは指摘できるだろう。

しかしベルクソンは、科学も数学を用いることで絶対に到達し得ると考えていたのであり、ベルクソンが『持続と同時性』の再版中止の理由を一般相対性理論についての数学的知識の欠如[9]であることを非公式に述べていることをみると、この曲率の問題に関する認識不足の不安をベルクソンも漠然と抱いていたのかもしれない。彼は「しかし、それ（相対性理論）が何の実在も表さないということはありえない。……実在的な時間から出発して、実在的な時間へ到達するならば、おそらく間に数学的技巧が使われたのだ。しかしこの技巧も事物と何らかのつながりをもつはずである。それゆえ実在と規約とを区別することが肝要である。」(DS 65) と述べている通り、数学的表現のなかに実在と規約を区別することの重要性は理解していた。残念ながら、彼はその区別を見誤り、批判者もその正しい区別を説得的にベルクソンに示すには至らなかった。そして議論は物別れに終わり、生成の哲学と相対性理論の相補的関係を結ぶ試みは失敗に終わってしまった。

しかし、仮に批判が精確であり、ベルクソンもその批判を受け入れて自説を改訂した場合は、どのような宇宙像が生まれたのだろうか。『持続と同時性』研究の第一人者であるチャペックは、ミンコフスキー時空の動的解釈によってそれを示すことを試みている。

(7) これらの反対勢力と比較してみると、光速度一定の原理を受容し、ローレンツ変換の数式を認め、静止エーテルを否定するベルクソンの立場は、「アインシュタインの論敵として立ち向かったわけではない」(金子 一七九) ということがひとまずはいえるだろう。

(8) 「[ポアンカレは] 結局は、アインシュタインによるニュートンの力学原理そのものの改訂には従いえなかった。それは彼が物理科学を力学と狭義の物理学とに二分し、前者を後者の変動が及ばない規約と介したことに起因すると考えられる。同時代の科学哲学者デュエムは、この点で、ポアンカレに対して、その二つのレベルは二分できるものではなく、物理学の変動は力学の公準にも波及すると主張した。」(小林 四二七)

(9) ベルクソンが『持続と同時性』の再版中止を決めたのは、ル・ロワの手紙によると、「彼が執拗に付け加えたのは、数学的知識の欠如により、一般相対性の発展を必要な細部にわたってたどるができないということであった」(DS v) とされている。

四. ミンコフスキー時空の動的解釈

さて、チャペックは、ベルクソンのミンコフスキー時空の超空間解釈の批判を認め[10]つつも、ミンコフスキー・ダイアグラムには時間の空間化にとどまらない生成論的な視点が可能であり、この視点からベルクソンの普遍的な一つの時間の底にある洞察も生かすことができるのではないかと提案する。ミンコフスキー時空と生成論的な視点が両立可能であることにベルクソンは思い至らなかったが、しかしチャペックの示すミンコフスキー時空の動的解釈によれば、それは可能になるのである。

次のようにニュートン的世界よりも、光円錐にいる観測者にとっては、相対論的な世界は過去・現在・未来の区別がより強いものになる。「相対論的な時空では、

四次元時空の力動的構造（二次元表現であることに注意）

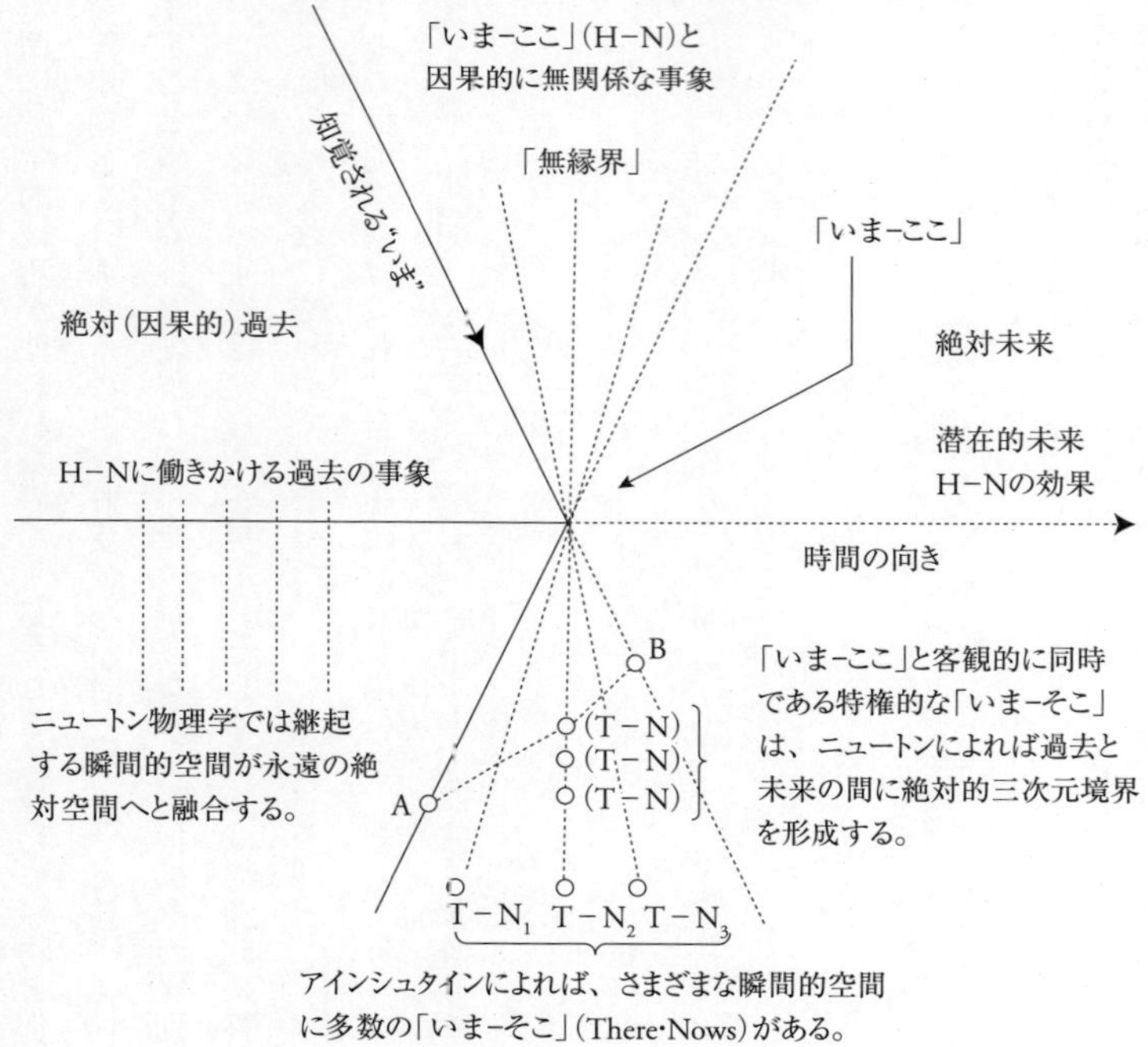
「いま−ここ」(H−N)と
因果的に無関係な事象
「無縁界」
知覚される"いま"
「いま−ここ」
絶対(因果的)過去
絶対未来
潜在的未来
H−Nの効果
H−Nに働きかける過去の事象
時間の向き
B
「いま−ここ」と客観的に同時
である特権的な「いま−そこ」
は、ニュートンによれば過去と
未来の間に絶対的三次元境界
を形成する。
ニュートン物理学では継起
する瞬間的空間が永遠の絶
対空間へと融合する。
A
(T−N)
(T−N)
(T−N)
$T-N_1$ $T-N_2$ $T-N_3$
アインシュタインによれば、さまざまな瞬間的空間
に多数の「いま−そこ」(There·Nows)がある。

ニュートンの図式よりも未来は過去からより明らかなやり方で分離される。私の現在のいま-ここにとってはリアルではない未来は、内在的には観測不可能であり（the future, unreal for my present Here-Now, is *intrinsically unobservable*）、いわば、考えられる他のいかなる準拠枠にとっても物理的にリアルではない……相対論的時空は正しく解釈すれば、生成を消去することを含意するどころか、生成を物理的世界に再導入する。（ČAPEK, 1971, p. 252）

【右下図は、cf. 金子 一八七】

実は、スピノザ的な静的世界像を好んだとされるアインシュタインも、「メイエルソンが非対称的時間を強調したのにすばやく肯定を与え」、「後にメイエルソンの著作の批評で時間への空間化への警告を称揚」していたのである（cf. 金子 一八六）。なお、メイエルソンの時間の非可逆性に関する哲学的洞察がベルクソンの『創造的進化』から影響を受けているのは周知の通りである。そう考えれば、時間の空間化への批判と、時間の非可逆性の肯定に関しては、ベルクソンとアインシュタインの間に意見を一致する余地があったのではないかと思われる。

次に、このような光円錐内で過去・現在・未来と区別される生成する時間は、一つの系列の因果的順序を示している。

> 双子は自らのそこに横たわる宇宙の持続の一つで同じ伸縮の二つの相補的な側面を表現する。たとえその持続はそれぞれの双子において異なる仕方で計測されるとしても。我々が双子の分離の瞬間Aと帰還の瞬間Bを指示するな

（10）「相対性理論の最も重要なベルクソンのコメントは、ミンコフスキー時空の静的な誤った解釈に関する彼の批判である。」（ČAPEK, 1971, p. 251）

らば、Aの後にBがくるという継起はAへのBの因果的依存のため、すべての系において継起のままである。このような継起はトポロジカルに不変であり、加速の動的な効果によっても相対的運動の効果によっても損なわれない。変容するのは固有時のリズムすなわち固有時の単位であり、その固有時の単位からなる持続は、様々な重力場において、異なる度合いをもち、二つの系における時間の異なる計測を説明する。(ČAPEK, 1971, p. 249)

このようにチャペックは、相対論の時空でトポロジカルな順序とメトリカルな時間を区別し、ベルクソンが普遍的な一つの時間の仮説で示したかったのは、このトポロジカルな順序の不変性と統一性のことであると指摘し、もしこのようにパラフレーズが可能であったならば、相対性理論とベルクソン哲学の相補的関係はうまくいっていたことを示唆するのである。

さて、この動的解釈のポイントは、いま-ここに観測者を置くということである。観測者を置くことにより、絶対的未来が空虚になり、生成が宇宙に導入されるばかりか、それによって、ホワイトヘッドが述べるように、相対論的世界に固有な非決定性までが発生するのである。

相対論的世界では、同時的(contemporary)な二つの出来事は因果的に独立であるために、観測主体を考慮した場合には、それに固有の非決定性が生まれる。

たとえば、観測者Aが、仮に知られうる因果的な過去の全情報を獲得したとしても、その情報は、相対性理論でいう過去の光円錐の内部だけに限定されるわけであるから、光円錐の外部に位置している観測者Bの出来事(因果的に独立な同時的出来事)は知り得ないことになる。ところが、観測者Aの因果的な未来は、観測者Bの出来事にも依存しているから、原理的に観測者Aは、自分自身の未来を予見できないことになる。(田中裕 八二—八三)

ここでもポイントは「観測主体を考慮した場合」である。では、この観測者とは何かを次節で考慮することにしたい。

五．観測者の身分

観測者ということに関しても、超空間解釈と動的解釈は対立するように思われる。この点、アインシュタインは特殊相対性理論のときは動的解釈に近く、一般相対性理論の構築を経て、後になるほど超空間解釈へ近づくということを勝守真は『相対性理論の哲学』で指摘している。「相対性理論においては、時間座標が空間座標から独立ではなく、両者が相互依存的な関係におかれるがゆえに、動的な描像を維持することは煩瑣な思考の労をともなう。すなわち、かつて「電気力学」論文においてアインシュタイン自ら行ったように、異なった座標系でのことなった時間継起のうちに思考上交互に身をおき入れる必要が生ずるのである。ところが四次元時空表現を採用すれば、そこにおいて時間継起は、対象化された時空内における一種の共在の形式においてて現れ、理論的考察者は、いわば時空を超越した高みからその静的な共在を観望しうることになる。」（勝守 二三七–二三八）

このように、自然現象を静的共在形式のなかに表象する超空間解釈によれば、観測・測定連関に定位することは「あたかも不要なものと見なされるばかりか、むしろ直接的には不可能」（*ibid.*）となるだろう。このように、超空間解釈が観測者の立場に身を置くことを不要とするのに対し、動的解釈はまさにその必要性を主張するのである。このように観測者の役割をどう考えるかということは、単に物理理論内部の話ではなく、その解釈や世界像にも大きく関わることになる。

では、観測者は物理理論の内部に関わることはないのかといえば、必ずしもそうとは限らない。量子力学を考えればそれは一目瞭然である。物理学でも量子力学のように、観察者の行動が対象に与える影響を無視できない場合は、理論も観測者の身分を規定する必要が出てくる。このことからも分かるように、物理理論が観測者の影響を理論から除外できるのは論理的一般性に基づくのではなく、むしろ物理的条件によるのである。

ベルクソン哲学に造詣の深い物理学者、渡辺慧はこのことに関連して次のように述べている。「ミンコフスキー空間に対する、ベルクソンの警告、すなわち決定論的世界観へ陥る危険の警告は極めて重大である。相対論的世界は、人間的行動の影響で変化を受けない対象に関するものであることを忘れてはならない。」(渡辺二九七)このように、観測者を除くような超空間解釈を宇宙の一般的描像として描くことが可能なように見えるのは、相対性理論は観測者に対して、扱う対象があまりに大きいので、観測者の影響は省いて考えることができるという条件に制限されているのである。

さて、この観測者の身分は、『持続と同時性』で見たように、それは「いま－ここ」を刻むものであれば、人間的意識を有する必要はなく、パースペクティヴとして宇宙のなかに埋め込まれた視点であってもよいし、思考が想像的におく座標軸であっても構わない。チャペックは、観測者を宇宙のなかに置くこの思考の働きに関して、ライヘンバッハの議論を援用する。

思考という行為は一つの出来事であり、時間のなかに一つの位置を規定する。私の経験がいつもいまという枠のなかに生み出されるならば、それは思考の各行為が参照点を規定するということだ。我々は「いま」を逃れることはできない。というのもそこから逃れようという試みは思考の行為を意味し、したがって「いま」を規定するからだ。参照点のない思考は存在しない。なぜなら思考それ自身が参照点を規定するからだ[11]。

欺く神に否定されるほど、ますますその思考の働きが明晰判明になるデカルトのコギトのように、否定しようとすればするほど思考は「いま」を刻む。このような思考の働きは単に心理学的というよりも、世界の実在に関わる形而上学的な性質をもつものだといえるだろう。なぜなら、この「いま-ここ」を置くことで、宇宙は閉塞した静的な視点から脱し、生成に開かれるのだから。先の引用で見たように、ベルクソンは周りの物質が意識的持続に参与するというような曖昧な心理学的描像でこのことを説明したため、「いま-ここ」の存在や観測者の身分という問題の焦点がぼやけてしまった感は否めない。

しかし、アインシュタインがベルクソンとの対話の際、「問題はこのようにおかれる。つまり哲学者の時間は物理学者の時間と同じかという問題である。思うに、哲学者の時間とは、心理的であるのと同時に物理的でもあるような時間のことだ」(M 1345)と述べ、簡潔な考察の後に「したがって、哲学者の時間は存在しない。物理学者の時間とは異なる心理学的時間が存在するのみである」(M 1346)と結論づけた際に、本当に問題となっていたのは、哲学者の時間が存在するかということではなく、観測者(それは心理的時間である必要はない)と物質が遭遇する際に刻まれ、宇宙の生成的解釈を可能にする「いま-ここ」の身分が問題になっていたのではないだろうか。

(11) ČAPEK, 1991, p. 339: H. Reihenbach, "Les fondements logiques de la mécanique des quanta," *Annales de l'Institut Henri Poincaré*, v. XIII, 1952, p. 157.

実は、イリヤ・プリゴジンはルドルフ・カルナップの文を引用して、アインシュタインがまさしくこの「いま」の問題に頭を悩ませる姿を描いている。

かつてアインシュタインは、現在という問題に深刻に悩んでいると言った。現在を経験することは、人間にとって特別な意味をもつ。過去や未来とは本質的に違った何かがあるが、この重要な違いは、物理学には現れないし、また現れることもできないと彼は説明した。この経験を科学では把握できないということは、彼にとって、手痛くも避けがたい諦観のようであった。客観的に起こるすべての事柄は科学で記述できる、と私は指摘した。出来事の時間系列は物理学で記述される一方、時間に関する人間の経験の独自性は、過去・現在・未来に対する異なった態度も含めて、心理学によって記述し(原理的には)説明することができる。しかしアインシュタインは、これらの科学的記述は、われわれの人間的な要求を満足させることができないであろうと考えた。現在には、科学の範囲の外にある本質的な何かがあると考えた。[12]

六. むすび

アインシュタインが心理学にも物理学にも還元されないと考えた「いま」の問題とは何だろうか。我々はこの「いまーここ」の問題が観測者や生成の問題に深く結び付いていることを見てきた。ところで『持続と同時性』第四章で、ベルクソンはポールの「いまーここ」(彼の視点)とピエールの「いまーここ」を次のようにつないでみせる。「我々はピエールとポールを交換可能と見なし、彼らを順番に不動化し、さらに、注意のすばやい振動によって、一瞬だけ彼らを不動にすることで、ピエールからポールへ、ポールからピエールへと移るだろう。」

物理学者がローレンツ変換で視点を関係づけるのに対して、哲学者のこの「注意の振動」は何をしているのだろうか。

それは以上の考察から明らかだろう。哲学者はピエールとポールの「いま-ここ」を往復することで、彼らの持続を未来に開かせ、その結果、宇宙全体の持続へと彼らを参与させているのである。もしも哲学者の時間というものがあるならば、このような動的解釈を可能にする思考の運動こそその名にふさわしいと思われる。

アインシュタインはベルクソンとの対話では「哲学者の時間」を退けた。確かに、物理学者アインシュタインと哲学者ベルクソンの遭遇は不幸なすれ違いに終わった。ベルクソンの科学と哲学の相補的関係を取り結ぼうとする努力は、問題の焦点化すら困難で、それがお互いのコミュニケーションのすれちがいを招く恐れの高いことが、以上の考察から明らかになった。

ベルクソン哲学の科学論は、科学を基礎づけるものでも、科学的認識論でもない。それは哲学史からすると一風変わった、科学の生成現場に立ち入り、科学の形成に働く仮説を検証し、科学と創造的な関係を結びたいという哲学者の一方的な願いのようなものかもしれない。確かに科学はいったん自らを形成する前提を脱け出てしまうと、後は自律的に発展する。しかし、科学の形成過程においては、アインシュタインに対するマッハの関係がそうであったように、哲学と科学は偶然やすれ違いはあるにせよ、何らかの関係を結べるのではないだろうか。もし哲学者アインシュタインが哲学者ベルクソンに遭遇していたら、そこで交わされる対話はいかなるものであったのだろうか。

（12） Prigogine 395–396: *The philosophy of Rudolf Carnap*, édité par P. A. SCHLIPP, Cambridge University Press, 1963. この箇所は翻訳を引用した。Cf. 翻訳二八四―二八五ページ。

確かに、ベルクソン自身の批判は前述のように様々な不備もあり、理解されなかったが、しかしながら、この種の試みが必ず失敗に運命づけられているわけでもないだろう。『創造的進化』ではベルクソンは相補性を生物に関してまた別様に使っている。「調和は、事実として存在するのではなく、むしろ権利として存在する……調和、あるいは「相補性」は状態としてより、むしろ傾向として大まかにしか現われない。特に、調和は……前方よりもむしろ背後に見出される。調和は、共通な憧れにではなく、衝動の同一性に由来する」(EC 51)これを科学と哲学の関係に拡張することは、それほど不当ではないように思える。そして、そのとき科学と哲学の相補性は不調和な状態のなかに調和を求める衝動として見出され、そのなかから創造的な関係を作り出すことこそベルクソンが真に目指していたものであった、と結論づけたい。

結論

はじめに　各章のまとめ

第一章では、連続性の問題をめぐり、ベルクソンはアリストテレスから様相の区分を、ルヌヴィエから問題提起（数学か直観か）と解決の方向性を引き継いでいるように思える。それに対し、運動の存在を否定するゼノンの立場とは対立するといえるかもしれない。しかし、事情はそんなに単純ではないだろう。というのも、ベルクソンはゼノンのパラドクスを学生に教える内に問題を解決する方向が分かったと述べているからだ。[1] ま

（1） A propos de L' «Évolution de l'intelligence géométrique», *Revue de Métaphysique et de Moral*, 1908 でベルクソンはゼノンの議論に両義的な価値判断を下している。ゼノンの議論は運動の不可能性を論じるものとして捉えると詭弁でしかないが、「その議論に見出されることから、経験の一事実である運動をアプリオリに再構成することが我々の知性には不可能ということを引き出すときには高い価値を有する」（*ibid.*, 33）と述べ、ゼノンの議論に両義的な価値判断を下している。

た、空虚に対しても単に退けられるのではなく、それは二種類の多様性の一つとして認められており、それを持続と混同するときのみ批判されるという位置づけを与えられている。ここでは、どの仮説に対しても、単純に白黒つくような形で批判されたり、肯定されたりするのではないことには注意が必要だろう。

第二章では、自由の問題に関して、とくに機械論的決定論を心理的領域に拡大適用する心理学的決定論は、明示的に対立仮説として扱われる（機械論と力動論の二つの力概念を混同することから決定論が生じる）。心理的領域では非可逆的な流れとしての心的持続によって、機械論的な可逆性や必然性は否定され、力動論の力概念（能動的で偶然性をはらむ）に親和性があるといえるだろう。その一方で、ジェイムズの説により、心理学的な力概念によって力学的な力概念の裏づけを与える立場も批判され、生理学的決定論に関しても判断が保留されている。

第三章では、神経系の連続説と非連続説の対立が時代背景として存在し、ベルクソンは、当時、唯心論的と見なされていた連続説ではなく、非連続説の概念を取り入れていたことが示された。それにより身体の非決定性の内実が与えられ、『創造的進化』では微少な非決定性を拡大するという視点が加わり、それはブシネスクの仮説に親和性があることが指摘された。

第四章では、エントロピー概念の解釈をめぐって、十九世紀後半を揺るがせた原子論とエネルギー論の対立を背景に、ベルクソンが両方の陣営から様々な概念を学びながら、そのどちらにもくみしない独特の視点を有していたことを見た（エネルギー論よりもさらに進んで非可逆性の実在性を認め、ボルツマンの確率的解釈を物質と生物の関係へと展開するなど）。またそれは、熱的死をはじめとする宇宙論にまで問題が及ぶことを見た。

第五章では、偶然性および階層の概念が導入されることで、それが科学や哲学に与えた影響を見た。ここでは、目的々偶然と因果的必然を主張する決定論（すべてを必然性に還元）と、因果も目的も偶然とするエピクロス的議論（すべてを偶然性に還元）が批判される。ベルクソンは、目的々必然と因果的偶然を主張するブトルーの議論を引き継ぎながら、前者を幾何的秩序に、後者を生命的秩序に割り振っている。

第六章では、生物器官の秩序（構造と機能）をめぐり、偶然と自然淘汰で説明を行うダーウィンの微少変異説や目的因を肯定する新ラマルク主義などが対比され、ベルクソンは目的性の立場に近いが、生成概念によって目的性の内実が一新されていたことを見た。また進化の系統と個体発生の関係をめぐり、分化説と反復説が対立し、ベルクソンは前者に親和的であること、そして前者の形而上学的背景についても概観した。

第七章では、相対性理論のミンコフスキー時空の解釈をめぐり対立が生じ、それによって大いに異なる宇宙像が描かれることを見た。ここで、ベルクソンは超空間解釈を否定し、自らの仮説を示したが、そこに相対論に関する誤解が含まれ、批判者の議論も正確さを欠く場合があったため、対話も錯綜に満ちたものになったことを概観した。のちにチャペックが動的解釈を提示し、観測者や「いま-ここ」の身分がポイントとなることを指摘することで、問題を深化させたことを見た。

さて、以上が各章のまとめであるが、このようにしてみると、領域が多岐にわたりながらも議論もあまり厳密ではなく、場当たり的に都合のよいように仮説を選んでいるように見える。しかし、序章で見たように、ベルクソンの議論には一つの基準が存在する。それは再び繰り返すと、「哲学は生成一般の研究の深化であり、ほんものの進化論、したがって科学の真の延長である。」（EC 369）というように、そこには生成の研究を深めてくれる理論仮説が選択され、逆に空間の形而上学に基づき、生成を消去する仮説——ある種の科学主義や還元主義などが退けられるという構図は揺るがないことが看取できるだろう。本論の結論もこのことを確認しながら進めることにしたい。まずは還元主義の否定ということに関して、コントの実証哲学とベルクソン哲学の関係を序章よりももう少し詳しく見ることにしよう。

一・ベルクソン哲学とコントの実証哲学

ベルクソンは、「フランス哲学概観」という論文のなかで、十七世紀から十九世紀までのフランス哲学の流れを非常に簡潔に述べている。そこでフランス哲学の特徴の一つとして挙げられているのは、「実証科学と常に密接に結びついてきた」(M 1184)ということである。そして、ベルクソン哲学もまたこの伝統に忠実に従うようにして実証科学と深い関わりをもち、積極的に当時の科学の成果を取り入れていることを、そのすべてではないにせよ、これまで見てきた。ベルクソン哲学は、科学のなかに完全に入り込んでしまうのでもなく、そうかといって科学とまったく縁を切ってしまうわけでもない。それは、いわば常に科学と距離をとりながら、独特な仕方で科学との関係を保っているのである。

それでは、まずベルクソンが、コントの実証哲学のどのような要素を受け入れているのかを見ていくことにしたい。第一に、実証科学や実証哲学から受け継いだ一つの要素として、ベルクソンが勧めるある哲学的方法を挙げることができるように思われる。その方法とは、対象を概念の枠組みに押し込めるのではなく、反対にそのような既成概念の型を解体しながら、対象領域の固有性に沿って新しい概念を創造するというものである(2)。

非常に巨視的な視点に立てば、十七世紀に端を発した普遍的な機械論(対象を概念の枠に押し込めようとした)を原理とした科学が方法論として行詰まり、その修正あるいは方向転換として出てきた方法を集成したところに成立したのが実証主義であると整理できるだろう。オーギュスト・コントは、現象の背後にある本質ではなく、現象に注目して、それぞれの領域固有の方法や法則を発見することを推奨する。コントはその最良の例として、『実証哲学講義』の第一講で、重力の法則を発見したニュートンの名を挙げ、次のように続けている。「この引力と重さがそれ自体で何であるのか、その原因はいかなるものかということを決定することに関していえば、そのような問いはすべて我々が解決不可能なものと見なすものであり、その問いはもはや実証哲学の領域にはなく、そのような問いは神学者の想像や、形而上学者の煩雑さに任せておけばよいのである。」(COMTE 13) 事象から法則を抽出するコントと、事象にあくまで密着しようとするベルクソンの間に違いはあるとはいえ、以上のように、両者は対象領域とその研究法の固有性を強調するという点で共通の地盤に立っていると思われる。

さて対象領域の特殊性や固有性に着目するという以上の議論から、それらの多様性を認めて普遍的な一元論や還元主義を退けるという、ベルクソンが実証哲学から受け継いでいる第二の要素が出てくる。まずコントの還元主義的に対する批判を見てみよう。「あらゆる諸現象を唯一の原理の様々な結果として、たった一つの法則に従うものとして考えることによって、これらの現象の一般的な研究を行おうと望むことは、わたしの考えから遠く離れたものである。」(COMTE 43) コントはこれに続けて、「唯一の法則によってあらゆる現象を普遍的に説明しようという試みはまったくキメラ的なもの」(*ibid.*, 44) であると個人的には深く確信していると述べ、例としてラプラスがニュートン力学に化学を還元する試みを批判している。

---

(2) この方法が実証主義と積極的な関係をもつことは、ベルクソンが十九世紀の実証主義的な生理学者であるクロード・ベルナールに関して「……我々の思惟を拡張するように努めよう。悟性をのりこえよう。必要ならば我々の枠を破壊しよう。実在を我々の観念の寸法に合わせて切り詰めるのではなく、実在に合わせて我々の観念をかたどり、拡大することを考えよう。」これが我々の主張することであり、そして我々が行おうと努力することである。我々は歩き始めたこの道を段々と遠くへ進んでいるけれども、クロード・ベルナールがこの道を開くのに貢献したことを常に思い出さねばならない。」(PM 237) と述べていることからも理解することができる。

一方、それから約半世紀のちに目を移せば、今度は『ベルクソン講義録』のなかに次のような記述が見出される。「すべてが縛りつけられるような一つの普遍的科学に関して語ることは、まさに思考の始まりや幼年時代へと逆戻りすることである。反対に科学の進歩は、それぞれの方法、対象、公準をもつ特殊で互いに異なった諸科学の必要性を段々と確立することから成る。」(Cours II 246–247) ここでもまた実証科学の名のもとに普遍的な還元主義という形而上学が語られることに対する批判が展開されていると思われるが、それに対して、安易な還元を退けるという点でもまた、ベルクソンが実証哲学を継承しているということが読み取れないだろうか。

さて、我々は序章ではむしろベルクソンとコントの違いについて着目したが、ベルクソン哲学がコントの実証哲学からおもに以上の二つの側面を受け継いでいるといえるだろう。しかしながら、コント以降は、実証主義も分裂し、その使われる意味も大きく変わっていくことになる。「また、科学の哲学もコントの実証哲学においては社会学が保証していた統合を見失い、一方では、人工的な統合を論理や物理学や生物学に求めていく方向（論理実証主義、物理主義、自然化された認識論）と、他方ではその人工的で抑圧的な統合をただ暴いてよしとする方向（認識論的アナーキズム）とに分裂して進むことになる。」（安孫子、2007, pp. 153–154）

コントが人類教に傾斜していくなかで、弟子のエミール・リトレなどがコントに離反し（しかし、そもそもリトレがいなければ実証主義そのものが世に広まらなかったという指摘も多い(3)）、実証主義の科学的側面を擁護していく。リトレの活動や様々な社会的要因(4)により、実証主義、科学主義、機械論的唯物論はほぼ同義として世に流通し、十九世紀末から二十世紀初頭には、現場の科学者にもそのような意味で科学主義を唱えるフェリックス・ル・ダンテクのような人物が登場した。

このような思想的潮流が広がるなかで、ベルクソンが自らの立場を実証的形而上学と自称したのも、この科学主義を内包していた実証主義への内在的批判が念頭にあったことは間違いないであろう。この点に関して、ベルクソンは、「我々はもっぱら科学が科学的であることに留まることを、無意識的なある形而上学となっているのに科学の仮面をかぶって、無知な人や浅学者の前に現われないことを求めているだけである。半世紀以上もの間、この『科学主義（scientisme）』は〔真の〕形而上学を阻害していた。」(PM 71) と述べる。我々は、各章で、ベルクソンの時代背景をしばしば見てきたが、この科学主義は、その還元主義を科学の内部にとどまらず、すべての領域に押し広げる、まさしく一つの形而上学であったといえるだろう。しかし、それに対してベルクソンは、ただ科学が科学であること、自らの領域に固有な理論と方法を発展させる、というまさしくコントの実証哲学と同様のことを求め、それを逸脱する科学に対して内在的な批判を行うのである。

ある結論を論理的に広げ、実際に探求の範囲が拡大していないのに別の対象にそれを適用することは、人間精神にとって自然な傾向であるが、この傾向に屈してはならない。……我々の哲学活動のすべては、このような哲学のやり方に対する一つの抗議であった。そういうわけで、我々は先行著作の結果を延長することで簡単に見せかけの答えが与えられるような重要な問題を傍らに置かなければならなかったのである。(PM 98)

ある領域から得られた答えを拡大することで、別の領域の問題を消滅させないこと。ベルクソンはこのことを

---

(3) 「コントの思想が普及し、よく知られるようになったのは、リトレのおかげであり、とくに一八六三年の『オーギュスト・コントと実証哲学』などがなければ、当時のインテリ層にまで知られるようになったかどうかわからない。」山下雅之『コントとデュルケームのあいだ』木鐸社、一九九六年、一九ページ。

(4) 一八六三年、オルレアン司教フェリックス・デュパンルーにより、リトレはイポリット・テーヌやジョゼフ＝エルネスト・ルナンとともに宗教を攻撃する現代作家として断罪されたり、また当時、実証主義はビュヒナーなどのドイツ唯物論やダーウィニズムと同一視される傾向にあったりした。

ほとんど倫理的ともいえる姿勢で守っているように思われる。科学主義や還元主義はこれとはまったく反対の方向性を有していることが理解されるだろう。

二　科学と科学主義

さて、我々はこれまでベルクソン哲学と同時代の科学を探るという方針によって、十九世紀後半から二十世紀前半にかけて視線を過去へと沈潜させてきた。このような研究がいったい現在でも有意味なのか、といった批判は可能であろう。しかし、とりわけ科学とベルクソン哲学の関係を論じる研究は、研究者自身の時代から回顧的にベルクソン哲学は現在でも有意義か、という視点が多かったように思われる(5)。確かにベルクソン哲学自身、アクチュアルな現代思想として登場し、それが同時代の科学と関係を取り結ぶことにつながることになるのは本研究でも示した通りである。したがって、ベルクソン哲学は何よりも研究者自身の時代との同時代的な関係を結ぶことを問いかけてくる哲学であるといえるであろう。しかし、そのような分析もまた、研究者自身の時代が過ぎ去ってしまえば、古びてしまうという危険があり、事実ベルクソン哲学の研究は積み重ねによる実績がほかの研究と比較して薄いという欠点が存在する。したがって、現時点で何よりもなすべきはベルクソン自身の時代に返りテクスト分析を行うことである。このような研究は新たな視点を一挙に提出することは少ないが、ベルクソン哲学に古典としての厚みを与え、次への研究の基盤を提出することが可能であると思われる。本論の各章のテーマで時間がたっても比較的変動しにくい科学と哲学の基本概念についての分析を中心に行ったのは、以上のような意図からである。

しかしながら、本論では一通りベルクソン哲学と科学の関係について、多くの不十分なところがあるとはいえ、各論と総論について目を通し終えたので、現在に目を向け、ベルクソンの時代でも現在でも哲学と自然科学においてなお問題になっていることを最後に扱いたい。それは科学主義あるいはその一つのヴァージョンとしての自然主義、についてである。

科学が多様化して機械論的な還元主義が古びて見えるようになり、また実践的な観点からしても、核兵器の脅威や公害など、科学技術の進展が必ずしも人類の幸福へつながるわけではないという認識が広く行きわたっている現在に比べると、ベルクソンの時代は科学への信仰が一つの宗教となる傾向があった。それでは、自然科学と人文科学の対立というこのような状況は、ベルクソンの時代から時を経て解消されたのであろうか。

残念ながらベルクソンの時代から一世紀近く経った現在でも、このような状況は形を変えて現われるように思われる。新しい科学といえどもその領域を越えて自らの方法を適用しようとするとき、「自然主義が、自己を一元論化し、他の手法やアプローチを弾劾し、周辺化しようとすればするほど、むしろその〈弱さ〉が露呈されるという奇妙な構図が浮き彫りになる。」（金森、2004a, p. 261）[6]というように、依然としてベルクソンの哲学的な批判が現在でも当てはまるように見える。

また、『「知」の欺瞞』のフランス語版では、ポストモダニズムの科学概念の濫用の一つの源泉にはベルクソ

（5）一々は挙げないが *Bergson and Modern Thought toward a Unified Science*（1987年）、*The New Bergson*（1999年）、*Bergson et les neurosciences*（1997年）など。

（6）金森修『自然主義の臨界』所収の「人文学への弔鐘」では第一節で、人文学に対して広義の自然主義の必要性を論じ、第二節では引用文にもあるように還元主義的な手法の自然主義が批判される。最後に「自然主義との距離をどう浮き彫りにし、それにどのような陰影を与えるのかは、思索的実践や実践的思索に関わる全ての人々にとって、ほとんど最大の問題」（金森 265）であると論じられる。

ン哲学があるというソーカルとブリクモンによるベルクソンに対する評価[7]に対して、BRENNERはそれが不適切であることを示し、逆に彼らが実証主義と実在論を無意識的に結びつけ、科学主義に陥る危険性を指摘している。[8] ベルクソンの科学との対話の試みが困難であったように、ポストモダニズムのように科学概念の濫用にも、科学主義にも陥らず、人文科学と自然科学の二つの文化の創造的な関係を構築することは、現在も同じく困難な道のりであるのかもしれない。

このように、哲学と科学の対話が互いの壁を乗り越えられずに、批判を投げかけ合うものに終わってしまうのならば、それは不毛な試みでしかないと結論づけられるだろう。しかしながら、仮にその試みがそのような結末を迎えるとしても、当初の目的はそこにはなかったはずである。科学と哲学の相補的関係の構築の試みは、ベルクソン哲学にあっては自らの生成の哲学の試みというプログラムを有していた。本章では、その構築のプロセスを不完全ながらも追ってきたが、本来の目的は、哲学が科学からアイデアを受け取るだけではなく、逆の側面も意図されていたはずである。ここでは最後にその可能性を見ることにして論を結びたい。

三 生成の哲学から生成の科学へ

ベルクソン哲学が自らへの批判を予測しながらも、科学と創造的な関係を結ぶことを願ったのはなぜだろうか。持続あるいは生成という問題の魅惑に捉えられた哲学が、困難であることは承知の上で、科学とともに問題を解明する可能性に賭けたからにほかならない。ベルクソンの場合、その賭けはうまくいかなかったかもしれないが、それによってすべてが灰燼に帰してしまったわけではない。

持続や生成という問題は、現在もなお哲学でも科学でも魅力的なテーマであり続けている。ベルクソン哲学が十九世紀から二十世紀の科学を用いたため、古びてしまったという批判は、半ば当たり半ば外れているといえるだろう。確かに、ベルクソンの作り上げた概念が不十分になったとしても、生成というベルクソンが新しく立てた問題系は生き続けているのである。では、ベルクソンの立てた生成という問題系はどのように継承されているのだろうか。

本章で見たように、ベルクソンはエントロピー増大の法則を時間に非可逆的な方向性を与え、持続や生成の鍵を握る法則として、「物理学の法則のなかで最も形而上学的である」（EC 234）として重要視していた。この観点を科学的に発展させ、生成する時間という問題に物理学のなかで取り組んだ科学者にイリヤ・プリゴジンがいる。また彼は、時間の非可逆性に実在的な意味を与えようと試みている点で、ベルクソンの問題系を継承していると見なすことができる。プリゴジンは、ベルクソンがとりわけ生命や意識に認めた時間のなかで秩序が生成するという特性が物理のなかでも生じることを示し、そのような散逸構造が生じる非線形熱力学という領域を開拓した。プリゴジンの考察を概略化すると、システムが単純で、相互作用をしていなければ、そこで

（7）「「ポストモダン」といわれる著者たちの科学的混乱と濫用を分析することで、科学をぞんざいな仕方で語る史的淵源を我々は取り調べてきた。これら淵源は多数あるが、この問題に対してはエピローグで改めて触れることにしよう。それでもなお、理性に対して直観や主観的経験を特権視する哲学的伝統とともに、歴史的系統が存在する。このような仕方で思考する最も輝かしい代表の一人がベルクソンであることは異論がない。」Alan SOKAL et Jean BRICMONT, *Impostures intellectuelles*, 2e éd, Odile Jacob, Paris, 1999 (1997), p. 246.

（8）BRENNERは、ソーカルとブリクモンが論理実証主義と科学実在論に好意的であるのをとりあげ、次のように述べている。「しかしながら、実証主義と相性が悪いのに、著者達〔ソーカルら〕がエネルギッシュに支持するのは、実在論なのである。ところで実証主義が一貫性をもっているのは、形而上学の批判が科学を含めた絶対的な知識の拒絶を伴うということである。ソーカルとブリクモンは形而上学や哲学を過小評価するように努めている一方で、科学を賞賛する。そのとき、ひとつの適切ではない学説に導かれる危険がある。科学主義である。」（BRENNER, 2001, p. 163）

は時間発展が可逆的で生成が意味をもたない古典力学が系の典型になるが、システムが複雑になるに従って系が相互作用するようになると、そこでは時間発展が本質的に意味をもちうる系になるのである。

このような視点から、先のベルクソンの思考を整理すると、比較的単純な現象を扱い、記号化が容易な領域から（力学、物理学、化学）、複雑さが増してくる領域（生理学、生物学、心理学、社会学）に向うに従って、次第に時間的・生成的要素が多く含まれるようになり、時間を無時間化・空間化できるような領域では、積分可能な系で、計算も比較的容易になり、知性もそのような領域を扱うのが得意なのに対し、時間を無視できないような相互作用が複雑な系では、現象を示すのに計算が容易でない非線形方程式を用いる必要が生じ、知性にとっては苦しい作業を行う必要が出てくるのである（現在では膨大な計算をコンピュータ・シミュレーションが使えるので全然苦しくないかもしれないが）。

もちろん、プリゴジンの仕事がすべてベルクソンに有利に働いたわけではない。まず、先に見たように、ベルクソンは二元論的に、物質は無時間的・空間的な傾向性をもち、意識や生命に持続や生成を限る傾向があったが、プリゴジンはこのような二分法の境界をずらし、物理のなかにも持続や生成を見出している。「したがって、時間は生物学、地質学、社会科学や文化のなかに浸透するだけではなく、永遠法則のために最も伝統的に排除されていた二つのレベル、すなわちミクロのレベルと宇宙論のレベルにまで浸透してきた。」

(Prigogine, 1979, pp. 294–295)

また、ベルクソンは『創造的進化』のなかで、「生物は物質の変化の歩み〔エントロピー増大〕を止めることはできないが、遅らせる（*retarder*）ことはできる」（EC 247）という規定を行うのだが、プリゴジンの理論では、生物をはじめとした秩序の生成は、周囲のエントロピーの増大を遅らせるどころか速めることで、可能になるのである。

ベルクソンがこれらの物理学の成果を目にすることができたらどのように考えるか、それは正確に論じることはできない。しかしながら、以上で述べてきた我々の立場からすれば、プリゴジンがベルクソン哲学に対して不満を表明する物理学では持続を扱えないという説や生物＝エントロピー遅延説については、ベルクソン哲学を全体論的構造と見なした場合、それらは仮説と見なすことができ、しかも、どちらかというと主要仮説よりも補助仮説の位置を占めると考えられる。ベルクソン哲学の中核にあるのは、生成や時間が何らか実在性をもつという根本仮説であり、それを究明するということが何よりも重要なはずである。

以上、プリゴジンによるベルクソン哲学の批判点をいくつか概観したが、プリゴジンは次のように述べ、基本的には科学と哲学の創造的な関係性を築きうることを認めている。「現在われわれは議論の余地なく、科学と哲学に関係があることを認める。アインシュタインとベルクソンの対立についてはすでに述べた。ある技術的側面でベルクソンは確かに「誤っていた」。しかし彼の哲学者としての仕事は、科学が無視していると彼が考えた時間の側面を、物理学の中で明確にしようとすることであった。／科学的でもあり哲学的でもあるようにみえる、これらの基本的概念の意味するところと整合性とを探究することは向う見ずかもしれないが、科学と哲学の対話において非常に実りの多いものになる可能性がある。」（プリゴジン一九八七年、三八九ページ）

しかし、このような科学と哲学の対話にも、自然科学の濫用との批判が投げかけられてきた。有名なものは先ほど見た『「知」の欺瞞』があり、実は同じような問題提起が二十年ほど前に、数学者ルネ・トムからプリゴジンに対してなされたが、議論は科学的決定論の是非を問うものへと収斂していった（cf. *La querelle du déterminisme*, Gallimard, 1990）。ベルクソンが一八八九年に『試論』で扱った決定論の問題が、およそ一世紀を経て再び論戦となったのは興味深いが、ここでのプリゴジンの反応は数学者トムの批判が、数学的決定論に由来することを指摘しながらも、物理学者は実在と理論のためには、自らの意に反してでも新たな方法や概念を導入する必要があることを論じ、[9] 科学的研究において決定論の方針をとる意義を認めつつも、[10] 決定論のなかでは自らの発想は生まれなかったと主張している。[11] このように、プリゴジンは決定論も含めた科学的方法論の多元性を擁護するのであり、それゆえ、新しい概念の導入の際には哲学と科学の対話が実りの多いものであることを認めていたのだろう。

おそらく、ポストモダニズム批判のように、哲学による自然科学の知の濫用が問題になるのは、科学哲学ではよく区別される発見の文脈と証明の文脈が混同されるからではないだろうか。科学的知識を証明の文脈のなかで哲学が濫用するならば、それは批判を免れない。そうしないためには、ベルクソンが苦労して文献を研究したように、科学的知識の習得に努めなければならない。しかし、発見の文脈となると話は別であり、これに関してはときには自らの意に反してでも新しい概念が必要になるとプリゴジンが述べていたように、ときには自由で幅広い柔軟なアイデアが求められる。逆に発見の場面で厳密さを求めすぎたり、科学主義のみが真理だと主張したりすれば、アイデアは生まれずに不毛な結果に陥る恐れもあるだろう（もちろん両者の文脈がそう簡単にきれいに分けられる場合は多くないだろうが）。

ベルクソンが科学と哲学の創造的な関係を目指したのは、この発見の文脈のなかでではなかったかと思われる。この分析の結論は —— ベルクソン自身は必ずしもそこまで考えていなかったかもしれないが —— 次の通りである。ベルクソン哲学が望んだ科学との協働は、生成や持続といった実在の究明を目指すためのものであり、それは生成に関する科学の構築というアイデアを含むものであった。そして、そのなかでの哲学の役割は主に直接的な生や意識といった現場に根差した様々な問題と遭遇しながら、発見の文脈のなかで発想の種を提供し、科学的研究を動機づけることである。ベルクソンは次のように述べるとき、生成の哲学を構築するだけではなく、それとともに生成の科学を構築するという野心を含めているように思われる。

> ここに哲学的問題がある。我々はそれを選んだのでなく、遭遇したのである。この問題は進路をふさぎ、それゆえ、障害をどけるか、もはや哲学をしないかのどちらかである。……困難は取り除かれねばならず、問題は各要素にのなかで分析されねばならない。どこへ導かれることになるのか。誰にも分からない。新たな諸問題が属すのがどのような科学であるかということさえ誰もいえないだろう。それはまったくなじみのない科学である可能性もあるだろう。ときには新しい問いを生み出した事象や理由に正確に基づいて、その科学の手法や習慣や理論の幾つかを改めなければならないだろう。よろしい、知らない科学を習得し、その研究を深め、必要に応じてそれを改革しよう(Soit; on s'initiera à la science qu'on ignore, on l'approfondira, au besoin on la réformera.)。……必要なだけ時間をかけよう。一つの生で十分でないとしたら。幾つかの生がそれをやり遂げるだろう……これこそ我々が哲学者に述べる言葉である。以上は我々が哲学者に提案する方法である。この方法は、哲学者が何歳であろうと常に学生に戻る覚悟を要求する。(PM 72–73)

ここには、哲学者が問題に遭遇したとき、問題が発生した科学を学ぶだけではなく、その科学を改革することすら語られている。(もちろんここで哲学者と呼ばれているのは、広い意味であり、クロード・ベルナールのような科学者もベルクソンは哲学者として見ていたことを思い起こそう)。このように、生成の哲学を構築することには、

---

(9)「……数学者〔トム〕は自らの静かな書斎のなかで、数学的構造と知性とがそのなかで一致するような、時間も生成もない宇宙を夢見ている。この超然とした態度は物理学者〔プリゴジン〕には許されない。その探求は実在と理論的構造の一致の研究を含み、ほとんど自らの意思に反してでも、新しい方法、新しい概念を導入する義務があることを彼は悟るのだ。」(*La querelle du déterminisme*, Gallimard, 1990 p. 111)

(10)「おそらく決定論の擁護者は厳密さ、理解可能性の要請が科学的創造の根元にあると強調する点では正しい。」(*ibid.*, 264–265)

(11)「化学者や生物学者にとって根本的な関心を引いたゆらぎの増幅や、空間的伝達と独立といった現象が我々に明らかになったのは、決定論的図式のなかで考えていたからではないのは明白だ。」(*ibid.*, 107–108)

生成の科学の構築を科学者に呼びかけるということが結びついており、哲学と科学の相補的関係には、生成の哲学と科学の二重の構築がかけられていたように思われるのである。

以下は各章をまとめた表である。（ただし、創造された概念内容の番号に’があるものは、ベルクソンのテクストからは明示的に読み取れず、筆者による解釈を加えたもの）

	関連する問題	競合／協働する仮説	創造された概念内容
第一章	・連続性とは何か ・運動は実在するか ・空間と時間の分割可能性 ・数学で運動は説明可能か ・数の定義の問題	・ゼノン（運動や多の矛盾を示す） ・原子論（空虚と原子で運動を説明） ・アリストテレス（可能的分割と現実的分割という様相的区別を導入） ・ルヌヴィエ（運動の矛盾は人間知性の限界に由来、運動現象を擁護） ・カントール（実無限を集合で定義）	連続性の性質 (1)質的な分節の相互浸透 (2)動的なプロセスの不可分性 (3)形式と内容の分離不可能性 (4)分割すると性質を変える測定不可能性
第二章	・エネルギー保存則と心理学的決定論の是非 ・力概念の多義性 ・意志—筋肉—力—感覚理論の是非 ・機械論の可逆性は他の領域に応用可能か ・決定論の問題	・心理学的決定論（ミルやベインなどの観念連合説） ・生理学的決定論（生理学を機械論に還元、心理は不可知論） ・機械論（受動的力と必然的因果） ・力動論（能動的力と偶然的因果） ・ジェイムズ（意志-筋肉-力-感覚理論を否定）	力の性質 (1)過去を現在に浸透させる力 (2)自由あるいは偶然な力。必然的因果関係の適用を拒絶 (3')精神的な力と物質的、生理的な力の概念を区分し、両者の混同を批判
第三章	・心身問題 ・身体の非決定性のメカニズムはどのようなものか ・神経組織は連続的か非連続的か	・ニューロン仮説（神経系は非連続的。ラモニ・カハール、ピュパン等） ・網状組織説（神経系は連続的。ゲルラッハ、ゴルジなど） ・ブシネスク（複数の特殊解をもつ微分方程式で決定論と自由を調停）	有機体の非決定性 (1)ニューロンの分岐や可動性：神経系は非決定性の座 (2)神経系はエネルギーを非決定的な方向に消費 (3)微少な非決定性を増幅

第四章	・非可逆的現象は客観的性質か主観的性質か（エントロピーの解釈問題） ・非可逆的現象は可逆性に還元できるか ・宇宙のプロセスは非可逆か可逆か（熱的死の問題）	・エネルギー論（非可逆的現象は客観的性質。宇宙は熱的死へ一方向的に進む。マッハ、デュエム等） ・原子論（非可逆的現象は主観的性質。宇宙は熱的死へ到達し、エントロピーの低い領域が局所的に存在。ボルツマン等）	非可逆性の性質 (1)生命的秩序（上昇）と幾何学的秩序（下降）へ向かう二つの非可逆的過程が実在 (2)二つの傾向は反転可能 (3')宇宙全体では上昇が下降を支え、一方が優勢な領域が局所的に存在
第五章	・諸学の階層の問題 ・階層間の関係は必然か偶然か（ブトルーの問題提起） ・偶然性とは何か（九鬼周造の分類・定義）	・①ブトルー（因果的偶然から目的性が創発し、逆に偶然性を導く） ・②普遍的機械論（目的性を否定し、因果的必然ですべてを説明） ・③エピクロス（目的も因果も偶然）	階層と偶然性の性質 (1)生命的秩序と幾何学的秩序の関係の反転（階層を保持して、一元的還元を批判） (2')二つの秩序の間には非決定性が存在
第六章	・生物器官の秩序（構造と機能）は進化論で説明できるか ・収斂進化（眼の構造等）の問題 ・個体発生と系統発生はいかなる関係を有するか	・器官の目的論的説明（所与の機能に構造が従属。キュヴィエ等） ・微少変異説等（微少な偶然の積み重ねと自然淘汰。ダーウィン等） ・新ラマルク派（獲得形質の遺伝） ・反復説（高等生物の胚が個体発生の過程で下等生物の成体を反復） ・分化説（胚は個体発生で類似から異質へ分化する系統発生をなぞる）	目的性の性質 (1)調和に運動が従属するのではなく、運動が調和を生成 (2)傾向は物質に働きかけること以外は決定されず、物質と遭遇して目的を創造 (3)分化が傾向の発生を司り、分化を遡行すると起源に諸傾向間の潜在的調和が存在
第七章	・できあがった宇宙の上を我々の視点が前進するのか、できつつある宇宙が前進しているのか ・観測者や「いま-ここ」は哲学や物理学にとってどのような身分をもつか	・超空間《ハイパースペース》解釈（時間継起が内部に並列化された四次元時空を静的な宇宙として実体化。） ・動的解釈（いま-ここに観測者を置くと未来は内在的に観測不可能になり、宇宙に生成が導入される）	宇宙的時間の内容 (1)一つの普遍的で物質的時間 (2)流れを支える非人称的な観測者 (3')(1)は計量的ではなく、位相的な順序関係の統一

おわりに

我々は本論で領域ごとにベルクソンが問題と遭遇し、そのたびに新たな領域のなかで思考を開始する様子を見てきたが、ベルクソン自身が「哲学者という名に値する哲学者はただ一つのことしかいわなかった、いや、彼は実際にそれをいったというよりは、いおうと努めたのだ。」（PM 122-123）と述べるように、彼自身の哲学のなかにも、最終的にはただ一つの問題が渦巻いていたと考えられる。

哲学者がただ一つのことしかいわなかったのは、彼がただ一点のみしか知らなかったからである。それはヴィジョンというよりは接触（un contact）であり、この接触が衝動（une impulsion）を与え、この衝動が運動（un mouvement）を与えたのである。この運動はある特定の形をしたつむじ風のようなものであり、我々の目にはそれが途上で集めたものを通してしかこの運動が見えないならば、別の埃を巻き上げたとしても、それが同じつむじ風であったであろうことはそれでもなお正しいのだ。（PM 123）

ここで述べられている「接触」が「持続（durée）」あるいは「生成（devenir）」の問題との遭遇であり、そして、それが本論の各章で我々が追跡してきた数々の問題を生み出したのだとまとめられるだろう。我々は、ベルクソンが仮説形成を持続の働きに帰したことを見たが、もう一方で持続は我々の生とつながっているのであり、そのように考えるならば我々の生は、様々な問題発生の場となるといえるのかもしれない。これまで見てきたように、ベルクソンは問題がやってきた場合、我々が科学にすべてを委ねるか、科学を放棄して閉じこもるか、それとも科学とともに哲学を遂行するかの選択が生じることを我々に語りかけているように思われる。そして、我々は、ベルクソンが科学の言葉を我々のいわば生へと結びつけつつ、科学と哲学を協働に賭けてきたことを見た。最後に、ベルクソンの問いかけ自体はいまでもなお我々に開かれていることを確認してこの論を結ぶことにしたい。

あとがき

本書は、課程博士論文「ベルクソン哲学の生成における実証科学の役割」（二〇〇七年、博士（文学）取得、京都大学）を加筆・修正したものである。ベルクソン哲学と科学の関係を扱った研究は、ベルクソン研究の傍流に位置しつつも、すでに一定数の著作が出版されている。例えば、Milič ČAPEK, *Bergson and Modern Physics*（一九七一年）はその代表例であろうし、日本でも澤瀉久敬『ベルグソンの科学論』（一九六八年）などがあげられる。

このような研究の流れのなかで、本書が取った基本的な方針は、ベルクソンと同時代の科学の関係をていねいに掘り起こすというものである。これは、何ら目新しいものではなく、むしろ研究の基本であるはずのものだが、少数の例外を除き、ベルクソンと科学の関係は、なぜか従来の研究では、研究書が出版される当時の現代科学と対比されて語られることが多かった。もちろん、ベルクソン哲学が現代科学の発展から見て、どの程度有効かを考察することは無意味ではないが、ベルクソン当時の科学的状況を踏まえずにそのような議論を行えば、そのときどきの思想的潮流に流されて、すぐ古びてしまうという恐れがある（この点に関しては一部、結論に述べた通りである）。

本書はしたがって、テクスト分析を行うという古典的な研究手法をとり、ベルクソンの著作の注などに表れる科学的文献などを解読しながら研究を進めている。本書第三章のピュパンなどの分析はその代表例である。つまり、ベルクソン哲学と同時代の科学との関係を実証的に踏まえる幾つかの試みを意識的、方法的に論じることが、本書の特色であり、これまでの諸研究を受け継ぎつつも、それらと異なる点である。

おそらく、ベルクソンと科学との関係を考察する思考が細々としてではありながらも、途切れないのは、そこに何らかの魅力があるからではないだろうか。しかし、その魅力は、常にあやふやで比喩に流されやすく、科学と哲学との関係をゆがめるものとして告発されてきたのは、本書でも見た通りである。そのようなある意味、危険な魅力にとらわれたものとして、その魅力が単に比喩の華麗さや思想的流行にとどまるところにのみあるのではなく、むしろ哲学や哲学史の伝統に根ざすような試みから発していることを示すことができれば本書の目的はある程度達成されたと考えている。

しかしながら、本書が解読できた範囲は限定的であり、物理学と一部の生理学や生物学の文献を扱えただけで、心理学や社会学についてはほとんど扱えなかった。コントの実証哲学が社会学を最も重要な学問とし、そこには当時の社会状況を背景とした宗教と科学とのきわめて強い緊張関係を含まれていただけに、この点を踏まえた議論の展開は今後の課題になるだろう。

先にも述べたように、本書は課程博士論文に基づいたものであるが、その論文の主査をして下さり、学部のころより長きにわたって励ましをいただいた伊藤邦武先生や、副査を引き受けて下さった小林道夫先生、出口康夫先生に心より感謝を申し上げたい。先生方からは、古典的テクストの精密な読解が大切であること、そして、そのような古典的基盤があるからこそ現代の哲学的問題も深く論じられることなどをはじめとして、数多くの貴重なご指導をいただいた。

また、本書を出版するにあたり、京都大学学術出版会の鈴木哲也氏、國方栄二氏には本書の構成から完成に至るまで、的確なアドバイスをいただいた。最後に、本書は京都大学の平成二十三年度総長裁量経費　若手研究者に係る出版助成事業の助成を受けて出版された。本書の完成に関係して下さったすべての方々に改めてお礼を申し上げたい。

読本』，東京，法政大学出版局，2006a 年，81–91 ページ。
――――『ベルクソン　聴診する経験論』，東京，創文社，2006b 年，337 ページ。
シャンジュー，ジャン＝ピエール，『ニューロン人間』新装版，新谷昌宏訳，東京，みすず書房，2002 年（1983 年），423 ページ。
シュヴァリエ，ジャック，『ベルクソンとの対話』新装版，仲沢紀雄訳，東京，みすず書房，1997 年（1959 年），356 ページ。
田島　節夫，「ベルクソンの質的微積分」，『文化』17，駒沢大学編，1997 年，1–16 ページ。
田中　正，「場と実在 ―― 量子論的世界像」『新・哲学講義』⑤コスモロジーの闘争，東京，岩波書店，1997 年，135–162 ページ
田中　裕，『ホワイトヘッド』（現代思想の冒険者たち 02）講談社，1998 年，302 ページ。
中　敬夫，『自然の現象学 ―― 時間・空間の論理』，京都，世界思想社，2004 年，241 ページ。
西脇　与作，『科学の哲学』，東京，慶應義塾大学出版会，2004 年，500 ページ。
檜垣　立哉，『ベルクソンの哲学：生成する実在の肯定』，東京，勁草書房，2000 年，281 ページ。
藤田　尚志，「ベルクソンと目的論の問題」『フランス哲学・思想研究』第 12 号，2007 年，121–132 ページ。
松田　克典，「デカルト主義の発展」『哲学の歴史』第 5 巻，第 VI 章，中央公論新社，2007 年，300–333 ページ。
萬年　甫編訳，『ラモニ・カハール』（神経学の源流 2），東京，東京大学出版会，1992 年，316 ページ。
守永　直幹，『未知なるものへの生成 ―― ベルクソン生命哲学』，東京，春秋社，2005 年，403 ページ。
山下　雅之，『コントとデュルケームのあいだ』，東京，木鐸社，1996 年，303 ページ。
山本　義隆，『熱学思想の史的展開』，京都，現代数学社，1987 年，593 ページ。
ラモニ・カハール，サンチャゴ（1906）「ニューロンの構造と結合」，萬年甫　編訳『ラモニ・カハール』所収，214–240 pp.
ルクール，ドミニック，『ジョルジュ・カンギレム』沢崎壮宏・竹中利彦・三宅岳史訳，白水社，2011 年（2008 年），79 ページ。
渡辺　慧，『時』，東京，河出書房新社，1974 年，338 ページ。

アインシュタイン，A,『相対性理論』内山龍雄訳，東京，岩波文庫，1988年（1905年），187ページ。
安孫子　信，「実証哲学の誕生」，『自然観の展開と形而上学』，東京，紀伊国國屋，1988年，252–291ページ。
――――「リトレ」，『フランス哲学・思想事典』，東京，弘文堂，1999年，322–323ページ。
――――「ベルクソン哲学と科学 ―― ベルクソンとコントを比較してみる」，『アルケー』14，京都，関西哲学会，2006年，44–58ページ。
――――「コント」，伊藤邦武編『哲学の歴史』第8巻，第III章，東京，中央公論新社，2007年，112–166ページ。
伊藤　邦武，『コスモロジーの闘争』，東京，岩波書店，1997年，205ページ。
――――『偶然の宇宙』，東京，岩波書店，2004年，255ページ。
内井　惣七，『アインシュタインの思考をたどる』，京都，ミネルヴァ書房，2004年，196ページ。
――――『空間の謎・時間の謎』，東京，中央公論新社，2006年，261ページ。
澤瀉　久敬，『ベルクソンの科学論』，東京，學藝書房，1968年，187ページ。
勝守　真，「相対性理論とアインシュタインの哲学的転回」廣松　渉編『相対性理論の哲学』第三章，東京，勁草書房，1986年，269ページ。
金森　修，『サイエンス・ウォーズ』，東京，東京大学出版会，2000年，457ページ。
――――『ベルクソン　人は過去の奴隷なのだろうか』，東京，NHK出版，2003年，110ページ。
――――『自然主義の臨界』，東京，勁草書房，2004a年，277ページ。
――――『科学的思考の考古学』，京都，人文書院，2004b年，372ページ。
金子　務，「同時性をめぐって　ベルクソンvs.アインシュタイン」，『現代思想』1993年3月，178–189ページ。
木村　陽二郎，『ナチュラリストの系譜』（中公新書），東京，中央公論社，1983年，240ページ。
九鬼　周造，『偶然性の問題・文芸論』，京都，燈影舎，2000年（1935年），356ページ。
小林　道夫，「ポアンカレ」，『フランス哲学・思想事典』，東京，弘文堂，1999年，424–427ページ。
篠原　資明，『ベルクソン ――〈あいだ〉の哲学の視点から』（岩波新書1040），東京，岩波書店，2006年，195ページ。
清水　誠，『ベルクソンの霊魂論』，東京，創文社，1999年，300ページ。
杉山　聖一郎，「持続と相対論的時空と ―― ベルクソンの『持続と同時性』についての省察 ―― 」，愛媛大学法文学部論集　文学科編，26，1993年，23–62ページ。
杉山　直樹，「新哲学論争について」『徳島大学総合科学部人間社会文化研究』No. 4，1997年，67–111ページ。
――――「「知性の発生」と科学論 ―― 『創造的進化』読解のために」，『ベルクソン

287 p.

PUPIN, Charles, *Le neurone et les hypothèses histologiques sur son mode de fonctionnement. Théorie histologique du Sommeil*, Paris : G. Steinhil, 1896, 119 p.

RAVAISSON, Félix, *De L'habitude*, Nouv. éd., Paris: Félix Alcan, 1933 (1838), 62 p.（フェリックス・ラヴェッソン，『習慣論』（岩波文庫），野田又夫訳，東京，岩波書店，1938 年，136 ページ。）

RENOUVIER, Charles, *Essais de critique générale*, premier essai, *Traité de logique générale et de logique formelle,* 2éd, t. I, Paris, Au Bureau de la Critique Philosophique, 1875, 448 p.

RUSSELL, E. S. *Form and function: a contribution to the history of animal morphology*, Dodo Press, 2007 (1916), 370 p.（エドワード・ラッセル，『動物の形態学と進化』，坂井建雄訳，東京，三省堂，1993 年，438 ページ。）

SACHS, Mendel, "A Resolution of the clock paradox", *Physics Today* 24, sept. 1971, pp. 23–29.

——— *Relativity in our time: from physics to human relations*, London; Washington, D. C.: Taylor & Francis, 1993, 162 p.（M. サックス，『相対論のロジック』，原田稔訳，日本論評社，1998 年，227 ページ。）

SOKAL, Alan, BRICMONT Jean, *Impostures intellectuelles*, 2e éd, Odile Jacob, Paris, 1999 (1997), 413 p.

SOULEZ, Philippe, WORMS, Frédéric, *Bergson, Biographie*, «Quadrige», Paris : Presses Universitaires de France, 2002 (1997), 391 p.

SPENCER, Herbert, *First Principles*, 6th and final edition (1900), Hawaii: University Press of the Pacific, 2002, (1862), 550 p.

——— *The principles of biology*, vol. 1, New York: D. Appleton, 1898 (1886), 492 p.

STALLO, John, Bernhard, *La Matière et la Physique Moderne*, Paris : Alcan, 1891 (1884), 243 p.

THIBAUDET, Albert, *Le bergsonisme* vol. 1, Paris: Nouvelle revue française, 1923, 256 p.（アルベール・チボオデ，『ベルグソンの哲學』，高橋廣江譯，東京，三田文學出版部，1943 年，424 ページ。）

WORMS, Frédéric, *Introduction à* Matière et mémoire *de Bergson*, Paris: Presses Universitaires de France, 1997, 329 p.

——— *Annales bergsoniennes* I, «Épiméthée», Paris: Presses universitaires de France, 2002, 374 p.

——— *Annales bergsoniennes* II, «Épiméthée», Paris: Presses universitaires de France, 2004, 534 p.

——— *Bergson, ou, Les deux sens de la vie*, «Quadrige», Paris : Presses Universitaires de France, 2004, 360 p.

——— *Annales bergsoniennes* III, «Épiméthée», Paris: Presses universitaires de France, 2007, 518 p.

1964年，上巻354ページ，下巻408ページ。）

KUHN, Thomas Samuel, *The essential tension*, Chicago : University of Chicago Press, 1977, 366 p.（トーマス・クーン，『本質的緊張』，安孫子誠也・佐野正博訳，東京，みすず書房，1998年，480ページ。）

LECOURT, Dominique, *La philosophie des sciences*, «Que sais-je ?», Paris: Presses Universitaires de France, 2001, 127 p.（ドミニック・ルクール，『科学哲学』沢崎壮宏・竹中利彦・三宅岳史訳，東京，白水社，2005年，164ページ。）

——— *Georges Canguilhem*, «Que sais-je ?», Paris: Presses Universitaires de France, 2008, 128 p.（ドミニック・ルクール，『カンギレム』沢崎壮宏・竹中利彦・三宅岳史訳，東京，白水社，2011年，135ページ。）

LE ROY, Édouard, *Une philosophie nouvelle: Henri Bergson*, Paris: Félix Alcan, 1912, 208 p.

MERLEAU-PONTY, Maurice, *Phénoménologie de la perception*, Paris : Gallimard, 1945, 531 p.

——— *Éloge de la philosophie: et autres essais*, Paris: Gallimard, 1960 (1953), 376 p.

——— *Signes*, Paris : Gallimard, 1960, 438 p.

——— *L'union de l'âme et du corps chez Malebranche, Biran et Bergson*, Paris : J. Vrin, 1978, 135 p.

MILET, Jean, *Bergson et le calcul infinitésimal*, Paris: Presses Universitaires de France, 1974, 184 p.

MURPHY, Timothy S., "Beneath relativity: Bergson and Bohm on absolute time", *The New Bergson*, Manchester University Press, 1999, pp. 67–81.

PEARSON, Keith Ansell, *Philosophy and the adventure of the virtual: Bergson and the time of life*, London: Routledge, 2002, 246 p.

PEIRCE, Charles Sanders, *Reasoning and the Logic of Things*, Cambridge, Mass.: Harvard University Press, 1992 (1898), 297 p.（チャールズ・パース，『連続性の哲学』（岩波文庫），伊藤邦武編訳，東京，岩波書店，2001年，324ページ。）

PHILONENKO, Alexis, *Bergson ou de la philosophie comme science rigoureuse*, Paris : Les Éditons du cerf, 1994, 400 p.

POINCARÉ, Henri, *La Science et L'hypothèse*, Paris : Flammarion, 1968 (1902), 252 p.

——— *La valeur de la science*, Paris : Flammarion, 1935 (1905), 278 p.

POPPER, Karl R., *Unended Quest*, La Salle, Illinois: Open Court, 1976, 258 p.（カール・R. ポパー，『果てしなき探求』（岩波現代文庫）上・下，森博訳，東京，岩波書店，2004年，241，251ページ。）

PRIGOGINE, Ilya, STANGERS, Isabelle, *La nouvelle alliance*, Paris : Gallimard, «folio essais », 1986 (1979) 439 p.（イリヤ・プリゴジン，イザベル・スタンジェール『混沌からの秩序』伏見康治・伏見譲・松枝秀明訳，東京，みすず書房，1987年，407ページ。）

——— "Loi, histoire… et désertion", *La querelle du déterminisme*, Paris : Gallimard, 1990,

DURING, Emile, “Bergson et la Métaphysique Relativiste”, *Annales bergsoniennes* III, «Épiméthée», Paris: Presses universitaires de France, 2007, pp. 259–293.

ELKANA, Yehuda, *The Discovery of the Conservation of Energy*, London: Hutchinson Educational, 1974a, 213 p.

——— “Boltzmann’s scientific research program and its alternatives”, *The interaction between science and philosophy*, Humanities Press, 1974b.

GALLOIS, Philippe, “En quoi Bergson peut-il, aujourd’hui, intéresser le neurologue ? ”, *Bergson et les neurosciences*, Le Plessis-Robinson: Institut Synthélabo, 1997, pp. 11–22.

GAYON, Jean, “Bergson Entre Science et Métaphysique”, *Annales bergsoniennes* III, «Épiméthée», Paris: Presses universitaires de France, 2007, pp. 175–189.

GOUHIER, Henri, *Bergson dans l’histoire de la pensée occidentale*, Paris, J. Vrin, 1989, 132 p.

GOULD, Stephen. J. *Ontogeny and Phylogeny*, Cambridge, Mass.: Harvard University Press, 1977, 501 p.（スティーブン・J グールド，『個体発生と系統発生』，仁木帝都，渡辺政隆訳，東京，工作舎，1987 年（1967 年），649 ページ。）

GUITTON, Jean, *La vocation de Bergson*, Paris: Gallimard, 1960, 260 p.

GUNTER, Pete Addison. Y., (éd.) *Bergson and Modern Thought toward a Unified Science*, Chur [Switzerland]: Harwood Academic Publishers, 1987, 394 p.

HACKING, Ian, *The taming of chance*, Cambridge [England]; New York: Cambridge University Press, 1990, 264 p.（イアン・ハッキング，『偶然を飼いならす』，石原英樹・重田園江訳，東京，木鐸社，1999 年，353 ページ。）

HEIDSIECK, Françis, *Henri Bergson et la Notion D’espace*, Paris: Presses Universitaires de France, 1961, 196 p.

HUDE, Henri, *Bergson* Ⅰ, Paris : Editions Universitaires, 1989, 191 p.

Bergson II, Paris : Editions Universitaires, 1990, 209 p.

JANET, Paul, *Les causes finales*, Paris : G. Baillière, 1876, 747 p.

JAMES, William, *Some Problems of Philosophy*, in *The Works of William James*, Cambridge, Mass.: Harvard University Press, 1979, 464 p.（ウィリアム・ジェームズ，『哲学の諸問題』，上山春平訳，東京，日本教文社，1961 年，300 ページ。）

——— “The Feeling of Effort”, *Essays in Psychology*, in *The Works of William James*, Cambridge, Mass.: Harvard University Press, 1983 (1880), pp. 83–124.

JAMMER, Max, *Concepts of Force: a study in the foundations of dynamics*, Mineola, N. Y.: Dover Publications, 1999 (1957), 269 p.（マックス・ヤンマー，『力の概念』，高橋毅・大槻義彦訳，東京，講談社，1979 年，290 ページ。）

JANKÉLÉVITCH, Vladimir, HB: *Henri Bergson*, 2e éd «Quadrige», 1999 (1959), 299 p.（ウラジミール・ジャンケレヴィッチ，『アンリ・ベルクソン』，増補新版，阿部一智，桑田禮彰，東京，新評論，1997 年，482 ページ。）

KANT, Immanuel, *Kritik der Urteilskraft*, Leipzig, Felix Meiner Verlag, 1790, 394 p.（イマニュエル・カント，『判断力批判』（岩波文庫）篠田英雄訳，東京，岩波書店，

ヴァリエ，『ベルクソンとの対話』，仲沢紀雄訳，東京，みすず書房，1969年，352ページ。）

COMTE, Auguste, *Cours de Philosophie Positive*, Tome I, Paris : au siège de la société positiviste, 1892 (1830), 608 p.

CONRY, Yvette, L'évolution créatrice *d'Henri Bergson*, Paris : L'Harmattan, 2000, 328 p.

COURNOT, Antoine Augustin, *Essai sur les Fondements de nos Connaissances et sur les Caractères de la Critique Philosophique*, Paris : J. Vrin, 1975 (1851), 550 p.

——— *Traité de l enchaînement des idées fondamentales dans les sciences et dans l histoire, Paris:* J. Vrin, 1982 (1861), 637 p.

CUVIER, G. *Leçons d'anatomie comparée*, 1er éd., Tome I, Paris : Baudouin, Imprimeur de l' institut, 1800–1801, 521 p.

——— *Recherches sur les ossemens fossiles de quadrupèdes: où l'on rétablit les caractères de plusieurs espèces d'animaux que les révolutions du globe paroissent avoir détruites*, Tome I, Paris : Deterville, 1812a, 278 p.

——— "Sur un nouveau rapprochement à établir entre les classes qui composent le Règne animal", *Annales du Muséum d'histoire naturelle*, Tome 19, Paris : G. Dufour, 1812b, 530 p.

——— *Le règne animal distribué d'après son organisation*: *pour servir de base à l'histoire naturelle des animaux et d'ntroduction à l'anatomie comparée*, Paris : Deterville, 1817, 540 p.

DAMBSKA, Izydora, "Sur quelque idées communes a Bergson, Poincaré et Eddington", *Bulletin de la Société française de philosophie*, 53, 1959, pp. 85–89.

DARWIN, Charles, *On the origin of species*, London: John Murray, 1859, 502 p.

DELEUZE, Gilles, B : *Le Bergsonisme*, «Quadrige», Paris : Presses Universitaires de France, 1966, 119 p.（ジル・ドゥルーズ，『ベルクソンの哲学』宇波彰訳，東京，法政大学出版局，1974年，136ページ。）

——— *Cinéma* I. *L'image-mouvement*, Paris : Les éditons de minuit, 1983, 297 p.

——— *Cinéma* II. *L'image-temps*, Paris: Les éditions de minuit, 1985, 378 p.

DÉSAYMARD, Joseph, *Henri Bergson à Clermont-Ferrand*, Clermont-Ferrand, L.Bellet, 1910, 40 p.

DU BOIS-REYMOND, Emil, *Reden von Emil du Bois-Reymond* Folge. 1, Leipzig : Verlag von Veit & Comp, 1886, 535 p.（エミール・デュ・ボア＝レーモン，『自然認識の限界について・宇宙の七つの謎』（岩波文庫），坂田徳男訳，東京，岩波書店，1928年，125ページ。）

DUHEM, Pierre, *L'Évolution de la Mécanique*, «Mathesis», Paris : Vrin, 1992 (1903), 473 p.

——— *La théorie physique: son objet et sa structure*, Paris, Chevalier et Rivière, 1906, 450 p.（ピエール・デュエム，『物理理論の目的と構造』，小林道夫・安孫子信・熊谷陽一訳，東京，勁草書房，1991年，531ページ。）

Paris: Presses Universitaires de France, 1992, 489 p.（アンリ・ベルクソン，『ベルクソン講義録　II：美学講義，道徳学・心理学・形而上学講義』，合田正人，谷口博史訳，東京，法政大学出版局，2000 年，519 ページ。）

BERTHELOT, René, *Un Romantisme utilitaire*, Paris: Alcan, 1913, 358 p.

BOLTZMANN, Ludwig, *Vorlesungen über Gastheorie* T. 2, Graz: Akademische Druck- u. Verlagsanstalt Braunschweig: F. Vieweg, 1981 (1898), 265 p. (Ludwig BOLTZMANN, *Lectures on gas theory*, translated by Stephen G. BRUSH, New York: Dover, 1995, 490 p.)

BOUSSINESQ, Joseph, *Conciliation du véritable déterminisme mécanique avec l'existence de la vie et la liberté morale*, Paris: Gauthier-Villars, 1878, 256 p.

BOUTROUX, Émile, CLN: *De la contingence des lois de la nature*, 2e éd, Paris : F. Alcan, 1875 (1874), 170 p.（エミール・ブートルー，『自然法則の偶然性』，野田又夫訳，東京，創元社，336 ページ。）

——— ILN: *De l'idée de loi naturelle dans la science et la philosophie contemporaines*, Paris : Société française d'imprimerie et de libraire, 1913 (1895), 143 p.

BRENNER, Anastasios, "Et si Sokal et Bricmont s'étaient trompés sur Bergson?", *Éthique et Épistémologie autour du livre* Impostures Intellectuelles *de Sokal et Bricmont*, Paris, : L' Harmattan, 2001, pp. 156–163.

——— *Les origines françaises de la philosophie des sciences*, Paris, Presses Universitaires de France, 2003, 224 p.

DE BROGLIE, Louis, *Physique et microphysique*, Paris: A. Michel, 1947, 371 p.

BRUSH, Stephen G., *The kind of motion we call heat: a history of the kinetic theory of gases in the 19th century* vol. 2, Amsterdam: North-Holland Pub. Co., 1976a, 769 p.

——— "Irreversibility and Indeterminism: Fourier to Heisenberg", *Journal of the History of Ideas*, Vol. 37, No. 4 (Oct.–Dec.), 1976b, pp. 603–630.

CANGUILHEM, Georges, *La connaissance de la vie*, 2e éd, Paris : Vrin, 1992 (1965), 198 p.

ČAPEK, Milicč, *Bergson and Modern Physics*, Dordrecht [Holland] : D. Reidel Publishing Company, 1971, 414 p.

——— *The New Aspects of Time*: Its Continuity and Novelties (Boston Studies in the Philosophy of Science), Boston: Kluwer Academic, 1991, 348 p.

CARIOU, Marie, *L'Atomisme*, Paris: Aubier Montaigne, 1978, 229 p.

——— *Bergson et Bachelard*, Paris, Presses universitaires de France, 1995, 116 p.（マリー・カリウ，『ベルクソンとバシュラール』，永野拓也訳，東京，法政大学出版局，2005 年，148 ページ。）

CASSIRER, Ernst, *Determinismus und Indeterminismus in der modernen Physik: historische und systematische Studien zum Kausalproblem*, Hamburg: F. Meiner, 2004 (1957), 286 p.（エルンスト・カッシーラー，『現代物理学における決定論と非決定論』，山本義隆訳，東京，学術書房，1994 年，280 ページ。）

CHEVALIER, Jacques, *Entretiens avec Bergson*, Paris: Plon, 1959, 315 p.（ジャック・シュ

引用文献・参考文献

（　）内の翻訳に関しては適宜参照し、必要に応じて手を加えた。

APPEL, Toby, A. *The Cuvier-Geoffroy Debate: French Biology in the Decades before Darwin*, New York: Oxford University Press, 1987, 305 p.（トビー・A・アペル，『アカデミー論争』，西村顯治訳，時空出版，1990 年，478 ページ）

BALDWIN, James Mark, *Development and evolution*, New York: Macmillan, 1902, 395 p.

BARREAU, Hervé, "Bergson et Einstein", *Les Études bergsoniennes* X, Paris: Presses Universitaires de France, 1973, pp. 73–134.

von BAER, K. E. *Über Entwickelungsgeschichte der Thiere*: *Beobachtung und Reflexion*, 1 Band, Bei den Gebrüdern Bornträger, 1828, 271 p.

BERGSON, Henri ベルクソンのテクストは引用には以下の略号を用い，ページ数とともに本文中に示した。白水社全集版をはじめ，翻訳は適宜参考にした。

DI : *Essai sur les données immédiates de la conscience*, «Quadrige», Paris: Presses Universitaires de France, 1997 (1889), 180 p.

ALS : *Quid Aristoteles de Loco Senserit*, Paris: Alcan, 1889, 82 p.

MM : *Matière et mémoire*, «Quadrige», Paris: Presses Universitaires de France, 1993 (1896), 280 p.

EC : *L'évolution créatrice*, «Quadrige», Paris: Presses Universitaires de France, 1996 (1907), 369 p.

ES : *L'énergie spirituelle*, «Quadrige», Paris: Presses Universitaires de France, 1996 (1919), 210 p.

DS : *Durée et simultanéité*, «Quadrige», Paris: Presses Universitaires de France, 1992 (1922), 213 p.

PM : *La pensée et le mouvant*, «Quadrige», Paris: Presses Universitaires de France, 1996 (1934), 291 p.

Œuvres, Paris: Presses Universitaires de France, 2001 (1959), 1628 p.

M : *Mélanges*, Paris: Presses Universitaires de France, 1972, 1692 p.

Cours I: *Leçons de psychologie et de métaphysique*, «Épiméthée», Paris: Presses Universitaires de France, 1990 (1999), 441 p.（アンリ・ベルクソン，『ベルクソン講義録　I：心理学講義，形而上学講義』，合田正人，谷口博史訳，東京，法政大学出版局，1999 年，461 ページ。）

Cours II: *Leçons d'esthétique Leçons de morale, psychologie et métaphysique*, «Épiméthée»,

ら 行

た　行

さ 行

事項索引

フーリエ FOURIER, Joseph　93
ブリクモン BRICMONT, Jean　188, 189
プリゴジン PRIGOGINE, Ilya　5, 176, 189–193
フルーラン FLOURENS, Pierre　73
ブロカ BROCA, Paul　73
ベイン BAIN, Alexander　47, 56, 57, 194
ヘッド HEAD, Henry　73
ベルセリウス BERZELIUS, Jöns Jacob　81
ベルトロ BERTHELOT, Réne　97
ベルナール BERNARD, Claude　20, 21, 48, 69, 80, 81, 183, 193
ヘルムホルツ HELMHOLTZ, Hermann von　47–49, 94
ポアンカレ POINCARÉ, Henri　10–13, 17, 95, 100–105, 107, 117, 168, 169
ポパーPOPPER, Karl　107, 108
ボルタ VOLTA, Alessandro　47
ボルツマン BOLTZMANN, Ludwig　95, 99, 105–112, 122, 180, 195
ボールドウィン BALDWIN, James Mark　99
ボルン BORN, Max　167
ホワイトヘッド WHITEHEAD, Alfred North　7, 13, 165, 172

ま　行

マイヤーMAYER, Julius Robert von　47, 102
マクスウェル MAXWELL, James Clerk　83, 106, 107
マッハ MACH, Ernst　177, 195
ミュラーMÜLLER, Johannes　48, 56
ミヨーMILHAUD, Gaston　101
ミル MILL, John Stuart　45, 194
ミレ MILET, Jean　25, 31–33
ミンコフスキーMINKOWSKI, Hermann　164
メイエルソン MEYERSON, Émile　171
メッケル MECKEL, Johann Friedrich　153
メーヌ・ド・ビラン MAINE DE BIRAN, Pierre　57, 59, 61, 65

や　行

ヤンマーJAMMER, Max　58, 59

ら　行

ライプニッツ LEIBNIZ, Gottfried　32, 49, 53–55, 68, 80–82, 97, 115, 116, 118, 123–125, 134–136
ライヘンバッハ REICHENBACH, Hans　174
ラヴェッソン RAVAISSON, Félix　44
ラッセル RUSSELL, Bertrand　33, 141, 145, 155
ラプラス LAPLACE, Pierre-Simon　49, 51, 183
ラマルク LAMARCK, Jean-Baptiste　151
ラモニ・カハール RAMÓN Y CAJAL, Santiago　73, 77, 194
ラランド LALANDE, André　111
リトレ LITTRÉ, Émile　3, 184, 185
リービッヒ LIEBIG, Justus von　48
ル・ロワ LE ROY, Édouard　100, 101, 169
ルクール LECOURT, Dominique　5
ルクレティウス LUCRETIUS　121–123
ルナン RENAN, Ernest　185
ルヌヴィエ RENOUVIER, Charles　31–33, 115, 179, 194
ロシュミット LOSCHMIDT, Johann　107

HILAIRE, Étienne　140, 141, 151
ショーペンハウエル SCHOPENHAUER, Arthur　77
スピノザ SPINOZA, Baruch de　53, 129
スペンサーSPENCER, Herbert　27–29, 44, 58, 59, 101, 119, 151, 152, 157
ゼノン ZENON　30–36, 38, 40, 42–44, 81, 179, 194
ソーカル SOKAL, Alan　188, 189

た 行

ダイテルス DEITERS, Otto　72
ダーウィン DARWIN, Charles　28, 107, 111, 122, 123, 127, 141, 143–147, 151, 181, 195
ダンテク LE DANTEC, Félix　184
チャペック ČAPEK, Milič　41, 65, 105, 160, 167, 169, 170, 172, 174, 181
ツェルメロ ZERMELO, Ernst　95, 107
ディケンズ DICKENS, Charles　69
ディズレイリ DISRAELI, Benjamin　69
ティボーデ THIBAUDET, Albert　92, 93, 96, 97
デカルト DESCARTES, René　53, 80, 81, 117, 168, 175
デザギュリエ DESAGULIERS, Jean　49
デゼイマール DÉSAYMARD, Joseph　30, 31
テーヌ TAINE, Hippolyte　185
デモクリトス DEMOKRITOS　123
デュ＝ボス DU BOS, Charles　29, 30
デュ・ボア＝レーモン DU BOIS-REYMOND, Emil　48–51, 56, 57, 65, 79
デュエム DUHEM, Pierre　10–12, 15, 17, 18, 22, 29, 68, 94, 100, 101, 103–105, 117, 169, 195
デュパンルーDUPANLOUP, Félix　185
デュルケーム DURKHEIM, Émile　185
ド・サン＝ヴナン de SAINT-VENANT, Barré　80, 86, 87
ドゥルーズ DELEUZE, Gilles　39, 43, 77, 154
トム Thom, René　191, 193
トムソン THOMSON, William　53, 69, 93
ドリーシュDRIESCH, Hans　136
トルストイ TOLSTOJ, Lev　69
ニーダム NEEDHAM, John　49
ニーチェ　69
ニュートン NIETZSCHE, Friedrich　49, 167, 169–171, 183

は 行

パース PEIRCE, Charles　26, 27, 33, 37, 121
ハッキング HACKING, Ian　51, 115, 121
バルザック BALZAC, Honoré de　69
パルメニデス PARMENIDES　31
バローBARREAU, Hervé　160
ビシャBICHAT, Xavier　48
ヒス HIS, Wilhelm　73
ヒューウェル WHEWELL, William　3
ピュパン PUPIN, Charles　71, 73–77, 194
ビュヒナーBÜCHNER, Ludwig　185
ビュフォン BUFFON, Georges-Louis　93
フォン・ベーア von BAER, Karl Ernst　151–158
ブシネスク BOUSSINESQ, Joseph　79–83, 86, 87, 180, 194
ブトルーBOUTROUX, Émile　44, 115–121, 124, 125, 127, 128, 181, 195
ブラッシュBRUSH, Stephen　95
プラトン PLATON　129

人 名 索 引

あ 行

アイマーEIMER, Theodor　145
アインシュタイン EINSTEIN, Albert　5, 159, 161, 164, 165, 168–171, 173, 175–177, 191
アリストテレス ARISTOTELES　33–37, 41, 42, 44, 150, 179, 194
アンペール AMPÈRE, André-Marie　3
ヴァイスマン WEISMANN, August　157, 158
ヴィーダーシャイム WIEDERSHEIM, Robert　75
ヴォルフ WOLFF, Christian　49
ヴント WUNDT, Wilhelm　56, 57
エディントン EDDINGTON, Arthur　101, 163
エピクロス EPIKOUROS　108, 114, 121–123, 195
エルカナ ELKANA, Yehuda　47, 111
オーケン OKEN, Lorenz　153

か 行

ガイヨン GAYON, Jean　23
カッシーラーCASSIRER, Ernst　51
ガル GALL, Franz　73
カルナップ CARNAP, Rudolf　176
カルノーCARNOT, Sadi　47, 93, 94, 111, 128
カンギレム CANGUILHEM, Georges　5
カント KANT, Immanuel　32, 49, 105, 135, 136, 140, 141
カントール CANTOR, Georg　26, 32, 33, 194
キュヴィエ CUVIER, Georges　85, 139–142, 144–147, 152, 195
クザン COUSIN, Victor　81
クラウジウス CLAUSIUS, Rudolf　93, 102, 104
グールド GOULD, Stephen　27, 152, 153
クルノーCOURNOT, Antoine　80–82, 86
クレルスリエ CLERSELIER, Claude　81
クーン KUHN, Thomas　47, 49, 67, 69
ゲルラッハ GERLACH, Joseph　72, 73, 194
コープ COPE, Edward　98, 99
ゴルジ GOLGI, Camillo　72, 73, 194
コント COMTE, Auguste　3, 10, 11, 13, 15, 27, 48, 50, 69, 101, 116, 168, 181–185

さ 行

ジェイムズ JAMES, William　33, 37, 56–61, 63, 65, 180, 194
シェリング SCHELLING, Friedrich　49, 152
ジャネ JANET, Paul　13, 81, 87, 142, 143
ジャンケレヴィッチ JANKÉLÉVITCH, Vladimir　53, 57, 77, 129
シャンジューChangeux, Jean-Pierre　73
シュヴァリエ CHEVALIER, Jacques　1
ジュシューJUSSIEU, Antoine　140, 141
ジョフロア GEOFFROY SAINT-

著者紹介

三宅　岳史（みやけ　たけし）

1972年　岡山県生まれ、2004年　京都大学大学院博士後期課程思想文化学専攻哲学専修研究指導認定退学、2007年　博士（文学）取得（京都大学）。現在、香川大学アーツ・サイエンス研究院（教育学部人間発達環境課程主担当）准教授。

専門は、フランス哲学、エピステモロジー（科学認識論）。

主な論文に、「『創造的進化』における生物の機能と形態の問題」『哲学論叢』36号（2009年）、「神経学とベルクソン」『エピステモロジーの現在』慶応大学出版局（2008年）。主な翻訳にドミニック・ルクール『カンギレム』（共訳）白水社、クセジュ文庫（2011年）、チャールズ・テイラー『今日の宗教の諸相』（共訳）岩波書店（2009年）。


（プリミエ・コレクション　15）

ベルクソン哲学と科学との対話

2012年7月15日　初版第一刷発行

著　者　三　宅　岳　史
発行人　檜　山　爲　次　郎
発行所　京都大学学術出版会
京都市左京区吉田近衛町69番地
京都大学吉田南構内（〒606-8315）
電　話（075）761-6182
FAX（075）761-6190
Home page http://www.kyoto-up.or.jp
振　替　01000-8-64677

ISBN 978-4-87698-232-5
Printed in Japan
印刷・製本　㈱クイックス
定価はカバーに表示してあります